MEIN GROSSER ATLAS
DER TIERE

Illustrationen von
GIULIA LOMBARDO

Texte von
CRISTINA BANFI
RITA MABEL SCHIAVO
CRISTINA PERABONI

NATIONAL GEOGRAPHIC KiDS

INHALT

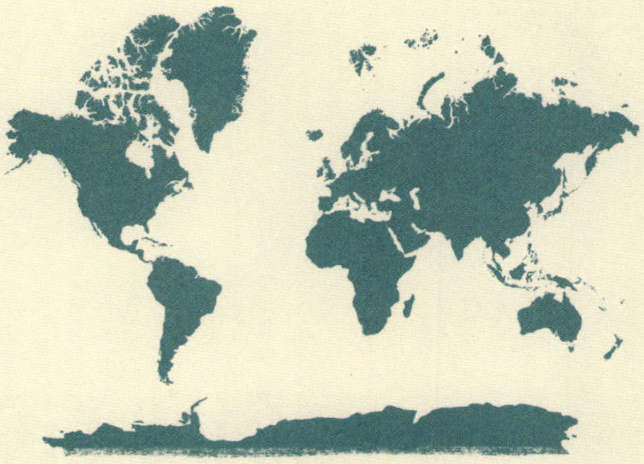

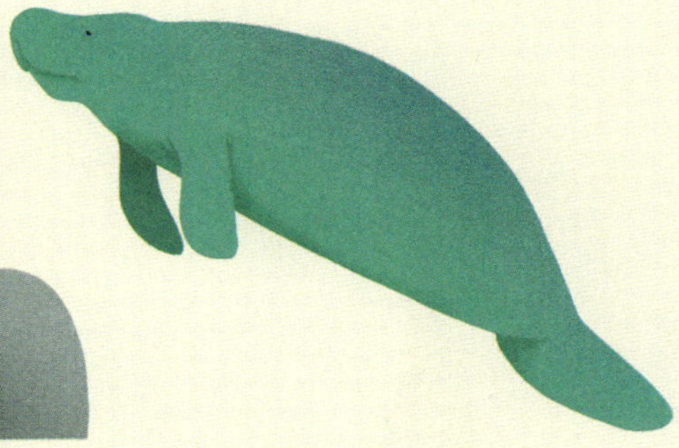

Dieser Atlas ist kein Geografiebuch, oder zumindest nicht nur! Auf jeder Seite unternimmst du eine Reise, die dich auf die verschiedenen Kontinente führt und zu den Tieren, die sie bewohnen – jedes in seinem besonderen Umfeld, an das es sich mit seiner Lebensweise und seiner körperlichen Gestalt optimal gepasst hat.

Viele Tiere kennst du schon, andere werden dir vielleicht merkwürdig oder rätselhaft erscheinen, aber über alle wirst du unglaubliche und spannende Dinge erfahren. Denn die Natur ist reich an Überraschungen und wer sich von Neugier leiten lässt, den versetzt sie in Verwunderung und Staunen.

Außerdem wirst du sieben berühmte Persönlichkeiten kennenlernen – auf jedem Kontinent eine: Ihre Namen verbinden sich mit einer bestimmten Tierart, für deren Schutz und Erhaltung sie eingetreten sind und für die sie in manchen Fällen sogar ihr Leben geopfert haben. Ihre harte Arbeit und ihr Einsatz machen uns deutlich, wie wichtig es ist, die Pflanzen- und Tierwelt auf unserem Planeten zu schützen, und ihr Beispiel kann uns dazu ermutigen, es ihnen gleichzutun.

Einige Seiten sind Tierarten wie Dodo oder Quagga gewidmet, die bereits seit mehreren Jahrhunderten ausgestorben sind. Von ihnen gibt es heute nur noch Häute und Knochen in Museen oder vergilbte Fotos. Ihr Ende ist auf die ungezügelte Jagd und die Zerstörung ihres Lebensraumes durch den Menschen zurückzuführen. Etwas über ihre Existenz und ihre Lebensweise zu wissen kann ein erster Schritt zum Schutz weiterer heute bedrohter Tierarten sein, damit alles versucht wird, um deren Ende abzuwenden, das man nicht tatenlos hinnehmen darf.

Zum Schluss kannst du dich damit amüsieren, einige Tiere anhand ihrer gegensätzlichen Eigenschaften miteinander zu vergleichen. Hier werden regelrechte Rekorde aufgestellt!

Und, weißt du schon, welches Tier das schnellste ist, welches das langsamste? Welches das größte ist und welches das kleinste?

ALSO, WORAUF WARTEST DU NOCH? FANG AN ZU LESEN ...

DIE LEBENSRÄUME

Die große Vielfalt der Lebensräume macht die Besonderheit unseres Planeten aus. Das Klima, das maßgeblich durch Temperatur und Feuchtigkeit bestimmt wird, ändert sich von den Polen bis zum Äquator radikal. Auch aufgrund der Beschaffenheit des Bodens und des Vorkommens von Flüssen oder Gebirgsketten unterscheiden sich die Landschaften voneinander: Sie reichen von kalten und trostlosen Eismassen bis hin zu üppig wachsenden tropischen Regenwäldern.

REGENWALD, TEMPERIERTER MISCHWALD, TAIGA

Was ist ein Wald? Das ist doch einfach: ein Ort, an dem viele Bäume wachsen. Doch Wald ist nicht gleich Wald: Vom Äquator bis zu den Polen verändert sich das Klima und man trifft immer wieder andere Baumarten an.
Die tropischen Wälder, auch Regenwälder genannt, sind auf der Erde die üppigsten. In den Tropen regnet es praktisch jeden Tag – in diesem feuchtwarmen Klima sind die Bäume immergrün und wachsen dicht an dicht. In einem dauernden Wettstreit um Licht werden sie enorm hoch.
Für Wälder der gemäßigten Klimazonen, wie bei uns, sind Laubbäume typisch, also Bäume mit ausgezackten, breiten Blättern, die im Herbst abfallen, um dann im Frühjahr von neuem zu wachsen. Im temperierten Mischwald ist das Unterholz, das aus Sträuchern und kleineren Pflanzen besteht, oftmals ebenso vielfältig und undurchdringlich wie ein tropischer Regenwald.
Nähert man sich den Polen weiter an, wird das Klima immer kälter und die Wälder bestehen dort, ähnlich wie bei uns in den Bergen, hauptsächlich aus Koniferen, etwa aus Tannen oder anderen Nadelholzgewächsen. Diese Waldart wird „Taiga" genannt.

HEISSE WÜSTEN, KÄLTEWÜSTEN, POLKAPPEN

Das Wort „Wüste" bedeutet „öde" oder „leer" und man denkt dabei an einen Ort, wo es kein Leben gibt. Tatsächlich sind Wüsten so unwirtlich, dass nur wenige, sehr gut angepasste Pflanzen- und Tierarten dort existieren können. Dies liegt daran, dass es in der Wüste wenig bis fast gar nicht regnet, und ohne Wasser kann es ja kein Leben geben.

In der Welt gibt es viele Arten von Wüsten und alle haben ganz unterschiedliche Eigenschaften. Sie reichen von den grenzenlosen Sanddünen in der Sahara im Norden Afrikas – der größten heißen Wüste unseres Planeten – bis zur Kältewüste Gobi in Zentralasien, wo die Temperaturen im Winter sehr tief unter den Gefrierpunkt fallen. Und schließlich, auch wenn es vielleicht erstaunlich ist: Die größte Wüste der Welt ist die Antarktis – eine echte Eiswüste!

GRASLAND, SAVANNE, STEPPE, TUNDRA

Es gibt eine Familie von Pflanzen, die gewissermaßen „geboren werden, um verzehrt zu werden". Es sind die Gräser, die von den Tieren abgeweidet werden können, ohne zu verschwinden. Denn auch wenn sie gestutzt wurden, wachsen sie wieder und treiben neue Blätter aus. Alle großen Graslandschaften der Erde sind dank dieser Pflanzenart entstanden.
Es sind riesige Grasmeere, auf denen zahllose Herden weiden: die Antilopen, Zebras und Büffel in den Savannen Afrikas oder die Bisonherden in den großen Ebenen Nordamerikas.
Die Steppe hingegen ist das typische Grasland Zentralasiens, wo zu den Gräsern niedrige, holzige Stauden hinzukommen. Dies ist die perfekte Umgebung für Wildpferde.
Weiter im Norden befindet sich die Tundra – eine weite Landschaft, auf der Moose, Flechten und kälteunempfindliche Zwergpflanzen wachsen, die auf einem Permafrostboden leben, also einem Boden, dessen Unterboden dauerhaft gefroren ist.

KÜSTEN, KORALLENRIFFE, OFFENES MEER, TIEFSEEGRÄBEN

Die Ozeane bedecken zwei Drittel der Oberfläche unseres Planeten und bilden, von den Ufern der Kontinente bis zu den tiefsten Tiefseegräben, eine Vielzahl unterschiedlicher Landschaften aus.
Die Küstenlinien treten mal als flache Sandstrände, mal als felsige Steilküsten auf, in manchen Regionen der Erde auch als Salzwasserlagunen. Dort haben sich Pflanzen und Tiere an das Leben sowohl im Meer als auch an Land angepasst, weil das Wasser mit dem Wechsel von Ebbe und Flut in regelmäßigen Abständen verschwindet und wieder steigt.
In den warmen tropischen Gewässern bilden die Korallen ausgedehnte Riffe – die Korallenriffe. Sie werden von einer unendlichen Vielfalt an Fischen und anderen bunten Tieren bevölkert.
Das offene Meer ist der größte natürliche Lebensraum überhaupt: Er beherbergt den Großteil der lebenden Organismen der Erde. Hier finden die riesigen Wale reichlich Nahrung, um ihren Hunger zu stillen. Steigt man in die Tiefen des Meeres hinab, so nimmt die Helligkeit stark ab. In Tausenden Metern Tiefe, wo reine Dunkelheit herrscht und der Druck so stark ist, dass ein U-Boot zerquetscht würde, gibt es Fische mit bizarren Formen und viele weitere fremdartige Lebewesen.

EUROPA

Europa ist von der Fläche her der zweitkleinste Kontinent, vor Ozeanien, von der Bevölkerung her aber der drittgrößte der Welt. Das liegt daran, dass es keine unwirtlichen Regionen wie Wüsten oder Polkappen hat und ein weitgehend gemäßigtes Klima.

Begrenzt wird es in erster Linie von Meeren: im Norden vom Nordpolarmeer, im Westen vom Atlantischen Ozean und im Süden von Mittelmeer und Schwarzem Meer. Im Osten grenzt Europa an Asien. Die Grenze ist nicht genau zu bestimmen, da sie mehr auf historischen, politischen und wirtschaftlichen Faktoren beruht als auf geografischen. In der Regel verläuft sie jedoch entlang der Uralkette.

Die Vielfalt seiner Vegetation und Tierwelt ist durch die zahlreichen Küstenregionen und die hohen Gebirge begründet.

LEMMING

Ein rundlicher Körper, kurze Glieder und winzige Ohren schützen diesen kleinen Nager, der in der arktischen Tundra lebt, vor Wärmeverlust. Er hält keinen Winterschlaf. In Jahren massenhafter Vermehrung müssen die Jungtiere weit fortziehen, um sich neue Reviere zu suchen. Dazu schwimmen sie durch das Meer, aber beim Versuch, ans Ufer zu gelangen, kommen sie zu Tausenden in der eiskalten Brandung um.

WALDEIDECHSE

Diese Eidechsenart bewohnt die nördlichsten Gegenden und die höchsten Bergregionen. Wegen der Kälte behält sie die Eier bis zum Augenblick des Schlüpfens in ihrem warmen Körper und bringt dann fertig ausgebildete Jungtiere in einer halbdurchsichtigen Membran zur Welt. Somit ist sie ein ovovivipares Reptil.

STEINADLER

Mit seinen 90 Zentimetern Körperlänge hat sich der Steinadler offene Landschaften in Höhenlagen zum Jagdrevier erwählt. Er fängt Hasen und andere Vögel, indem er sie nach einem schrägen Sturzflug mit seinen Krallen packt. Das Weibchen legt zwei Eier in ein großes Nest aus Zweigen, das sich auf einem Felsvorsprung befindet. Meistens schafft es nur eines der beiden Adlerjungen, flügge zu werden, in etwa Mitte Mai.

HIRSCH

Der Hirsch ist ein über 300 Kilogramm schwerer Pflanzenfresser. In der Brunft trägt das Männchen sein großes, verzweigtes Geweih zur Schau: Die „Geweihstangen" aus Knochen können bis zu 15 Kilogramm wiegen. Im Herbst fallen sie ab und wachsen im Jahr darauf wieder nach. Das „Röhren" ist der Lockruf.

REH

Steinböcke sind an das Leben in felsigen Gebirgsregionen angepasst. Um nicht abzurutschen haben sie saugnapfähnliche Hufen. Die Männchen haben große, säbelförmige Hörner, auf denen dunkle, horizontale Streifen zu erkennen sind, aus denen sich das Alter des Tieres bestimmen lässt.

STEINBOCK

Steinböcke sind an das Leben in felsigen Gebirgsregionen angepasst. Um nicht abzurutschen haben sie saugnapfähnliche Hufe. Die Männchen besitzen große, säbelförmige Hörner mit dunklen waagerechten Streifen. An ihnen lässt sich ihr Alter ablesen.

WOLF

Als Vorfahr des Haushundes ist der Wolf ein kräftiger Fleischfresser, der im Rudel lebt. Innerhalb des Rudels werden durch Kämpfe das Alpha-Männchen und das Alpha-Weibchen bestimmt, also die Anführer des Rudels. Die Tiere bleiben bei den Kämpfen in der Regel unverletzt und alle anderen müssen sich ihnen unterordnen. Nur die Anführer dürfen sich fortpflanzen.

WILDKATZE

Ähnlich wie die Hauskatze hat die Wildkatze gelbgrüne Augen mit einer vertikalen Pupille. Ihr Schwanz ist sehr buschig, mit drei Kringeln und einer stumpfen Spitze. Als Einzelgänger jagt sie abends und nachts kleine Beutetiere, vor allem Nager und Vögel. Ihr Revier markiert sie mit Duftmarken.

ROTFUCHS

Dank seiner hohen Anpassungsfähigkeit konnte der Fuchs überleben, obwohl er stark gejagt wurde. Sein Geruchssinn und sein Gehör sind ausgezeichnet: Noch aus 100 Metern Entfernung kann er Mäuse quieken hören. Besonders buschig ist sein weiches rotes Fell auf dem Schwanz, der ihm im Winter als wärmende Zudecke dient.

LUCHS

Der Luchs ist die größte europäische Katze. Er ist ein Überraschungsjäger und kann sogar einen Junghirsch reißen. Er lebt als Einzelgänger in sehr großen Revieren, deren Grenzen er markiert. Berühmt sind sein scharfer Blick und sein gutes Gehör. Ein besonderes Kennzeichen sind die schwarzen Pinsel auf seinen Ohren.

DACHS

Der Dachs mit seiner auffälligen schwarz-weißen Schnauze ist ein abend- und nachtaktiver Allesfresser. Mit seinen kräftigen Krallen gräbt er weitläufige unterirdische „Höhlen“: lange Gänge, die mehrere Kammern miteinander verbinden. In großen Dachsbauten leben mehrere Familien.

ILTIS

Wie alle Mardertiere besitzt der Iltis Analdrüsen, mit denen er, wie das amerikanische Stinktier, eine sehr übel riechende Flüssigkeit ausscheidet, um Feinde abzuwehren. Typisch ist auch seine Maske, mit der seine Schnauze gezeichnet ist. Ein domestizierter Verwandter des Iltis ist das Frettchen.

FISCHOTTER

Dieser Fleischfresser ernährt sich hauptsächlich von Fischen und hat sich als begabter Schwimmer gut an das Leben im Wasser angepasst. Er hat einen schlanken Körper, kleine Ohren, Schwimmhäute zwischen den Zehen, einen abgeflachten Schwanz, der ihm als Steuerruder dient, sowie ein besonders wasserdichtes Fell. Vor allem wegen der Verschmutzung vieler Gewässer zählt der Fischotter zu den bedrohten Tierarten.

MAULWURF

Der Maulwurf ist ein Insektenfresser. An einem einzigen Tag kann er mehr zu sich nehmen, als er selbst wiegt. Die meiste Zeit verbringt er in unterirdischen Gängen, die er sich mit seinen starken Vorderbeinen gräbt. Seine Pfoten sind nicht nur mit fünf, sondern mit sechs Krallen ausgestattet: Ein zusätzlicher Daumen hat sich durch eine Verformung der Mittelhandknochen gebildet.

WEISSSTORCH

Im Frühjahr kehrt der Weißstorch aus den südlichen Breitengraden nach Europa zurück. Hier sucht jedes Brutpaar dasselbe Nest wieder auf, das es sich im Vorjahr auf einem Hausdach oder einem Kirchturm gebaut hat. Deshalb ist der Storch ein Symbol für den Neuanfang. Auf seinen langen Beinen stakend, frisst er Fische und Lurche von Teichen und überschwemmten Feldern.

GROSSTRAPPE

Die Großtrappe gilt als der schwerste flugfähige Vogel. Aber sie hält sich am liebsten am Boden in offenen Graslandschaften auf. Im Frühjahr vollführen die Männchen eindrucksvolle Balzparaden, um ihre Weibchen zu erobern. Die Weibchen bauen die Nester und sind allein für die Aufzucht der Jungen verantwortlich.

BRAUNES LANGOHR

Diese 4-5 Zentimeter große Fledermaus ist leicht an ihren riesigen Ohren zu erkennen. Im Ruhezustand klappt sie sie entspannt nach hinten und versteckt sie unter ihren Flügeln. Sie ernährt sich von Nachtfaltern, Mücken und Käfern, die sie in Wäldern, Parks oder Gärten erbeutet, wo sie zu Hause ist.

WANDERFALKE

Der dunkle Kopf des Falken sieht aus, als würde er eine Kapuze tragen. Der Wanderfalke gilt als das schnellste Tier überhaupt, denn er kann im Sturzflug weit über 300 Kilometer pro Stunde schnell werden! Wie bei allen Falkenarten ist das Weibchen größer als das Männchen. In der Falknerei ist der Wanderfalke die am häufigsten eingesetzte Art.

EISVOGEL

Mit seiner rötlichen Brust und dem blau schillernden Rücken zählt der Eisvogel zu den buntesten Vögeln Europas. Sein Nest besteht aus einem aufsteigenden Gang und einer Kammer, die er in der Nähe von Flüssen, Seen oder Teichen in eine Steilwand gräbt. Seine Beute, kleine Fische oder Wasserinsekten, fängt er, indem er sich von seinem Beobachtungsposten, etwa einem Ast, in die Tiefe stürzt.

MÖNCHSROBBE

Die Mönchsrobbe ist im Mittelmeer zuhause und stark vom Aussterben bedroht. Sie wird von Fischern gejagt, weil sie Fische frisst. Da sie sich vom Tourismus gestört fühlt, zieht sie sich in Meeresgrotten zurück. Alle zwei bis drei Jahre bringt sie ein Robbenjunges zur Welt. Sie ist ruhig und ortsgebunden, lebt in kleinen Kolonien und kann dank ihrer Finger an den Vorderflossen gut auf Klippen klettern.

KARETTSCHILDKRÖTE

Bei allen Meeresschildkröten haben sich die Beine in Flossen umgewandelt und ihr Rückenschild ist flach, damit sie mit wenig Widerstand durch das Wasser gleiten können. Die Karettschildkröte lebt in temperierten Gewässern und ernährt sich von Weichtieren, Schalentieren, Fischen, Stachelhäutern und Quallen. Ein Weibchen legt bis zu 200 Eier in Sandkuhlen ab, die sie in einen Strand gräbt. Die Karettschildkröte ist stark vom Aussterben bedroht.

SCHWERTFISCH

Dieser wendige, schnelle Schwimmer wird über 4,5 Meter lang und mehr als 400 Kilogramm schwer und ist bekannt für seinen verlängerten, schwertförmigen Oberkiefer, der bis zu einem Drittel seiner Körperlänge ausmacht. Der Schwertfisch erbeutet Fische, Schalentiere, Tintenfische und Kalmare, indem er sie mit seinem Schwert erschlägt (nicht aufspießt!).

FINNWAL

Der Finnwal mit seinem schmalen Körperbau und dem flachen Kopf gilt als der schnellste aller Wale – er erreicht bis zu 33 Kilometer pro Stunde. Seine Barten filtern Krill aus dem Wasser und indem er seine Kehlfurchen weitet, kann er auch kleine Schwarmfische schlucken. Dieser Meeresriese wird bis zu 80 Jahre alt, 25 Meter lang und 75 Tonnen schwer.

POTTWAL

Der Pottwal ist leicht an seinem riesigen, rechteckigen Kopf zu erkennen. In dessen Innerem befindet sich ein wachsähnliches Öl, dessen Dichte sich je nach Wassertemperatur und -tiefe verändert und seinen Auftrieb im Wasser unterstützt. So kann er in die Tiefe des Meeres eintauchen und sich auf die Suche nach dem Riesentintenfisch begeben, seine bevorzugte Beute. Er gilt als das größte mit Zähnen ausgestattete Tier.

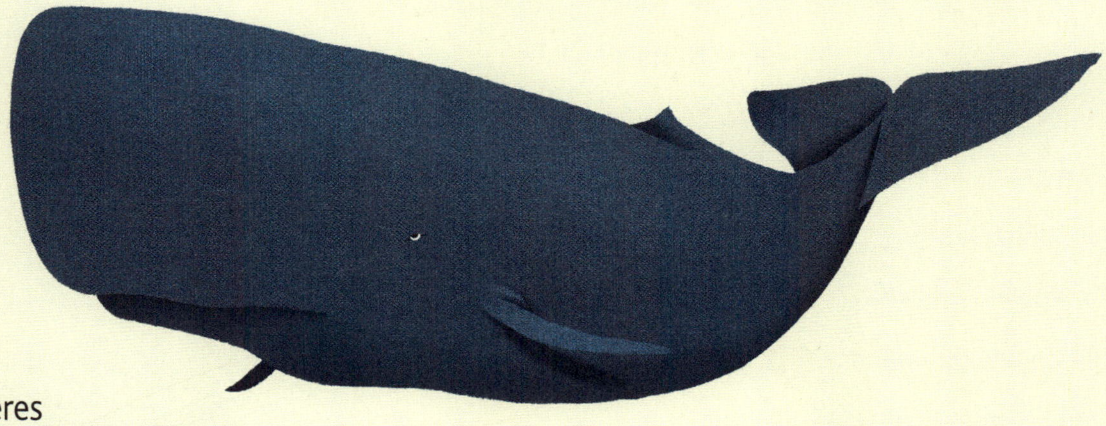

SCHAKAL

Der Schakal mit seinem unverkennbaren rötlichen Fell ist deutlich kleiner als ein Wolf, aber im Rudel kann auch er Schafe oder Ziegen angreifen. Schakale bilden feste Paare, die ein Leben lang zusammenbleiben. Beide Eltern ziehen die Jungen gemeinsam auf.

KONRAD LORENZ UND DIE GRAUGÄNSE

Konrad Lorenz gilt als Begründer der Ethologie, der vergleichenden Verhaltensforschung bei Tieren. Zusammen mit Nikolaas Tinbergen und Karl von Frisch erhielt er für seine Forschungen den Nobelpreis für Medizin. Geboren wurde er 1903 in Wien, wo er 1989 auch starb. Neben Medizin studierte er auch Zoologie. Seine große Leidenschaft waren die Tiere, die er möglichst in freier Natur beobachten wollte.

Der breiten Öffentlichkeit wurde er durch sein Buch Er redete mit dem Vieh, den Vögeln und den Fischen bekannt, in dem er seine wissenschaftlichen Forschungen allgemein verständlich schildert. In seinem Vorwort stellt er klar, dass allein die Wissenschaft zur Erforschung der Tiere nicht ausreicht – der Forscher braucht auch grenzenlose Geduld, Einfühlungsvermögen und Liebe.

Lorenz untersuchte das Verhalten der Graugänse in aller Ausführlichkeit – die berühmteste seiner Graugänse trug den Namen Martina. Als sie dem Ei entschlüpfte, erblickte Martina als erstes Lebewesen Konrad Lorenz und hielt ihn fortan für ihre Mutter. Sie folgte ihm überallhin und lernte, was er ihr beibrachte. Dieses frühe Lernen wurde als „Prägung" bezeichnet.

Graugänse leben in der Gruppe und ernähren sich hauptsächlich von Wasserpflanzen. Gemeinsam bauen Männchen und Weibchen ihr Nest am Boden und kümmern sich um die Jungen. Sie sind Zugvögel und in der Luft bilden sie Schwärme, die in der bekannten V-Formation fliegen.

AFRIKA

Afrika ist ein sehr ausgedehnter Kontinent, der teils in der nördlichen, teils in der südlichen Erdhalbkugel liegt. Daher gibt es dort viele unterschiedliche Landschaften mit einer großen Vielfalt von Tieren. Allen voran ist die Savanne der Lebensraum der größten Erdbewohner unserer Zeit.

Afrikas Küsten grenzen an das Mittelmeer, das Rote Meer sowie an den Indischen und den Atlantischen Ozean.

Unweit der afrikanischen Küsten liegen zahlreiche Gruppen kleinerer Inseln und eine große Insel, Madagaskar, wo es eine weltweit einzigartige Tier- und Pflanzenwelt gibt.

Äquator

DROMEDAR

Das Dromedar trägt den Spitznamen „Wüstenschiff". Es verfügt über eine unvergleichliche Ausdauer und kann eine ganze Woche ohne Trinken auskommen. Seit über 2000 Jahren wird es von den Völkern, die in der Sahara leben, als Lasttier genutzt, wenn sie von einer Oase zur nächsten ziehen.

WÜSTENFUCHS

Mit nur 1,5 Kilogramm Gewicht ist der Wüstenfuchs, auch Fennek genannt, die kleinste aller Fuchsarten. Seinen großen Ohren verdankt er zum einen ein sehr gutes Gehör, zum anderen reguliert er damit seine Körpertemperatur, indem er darüber schnell Wärme abgibt – in der drückenden Hitze seiner afrikanischen Heimat ist das für ihn lebenswichtig.

OHRENGEIER

Der Ohrengeier ist der stärkste afrikanische Geier. Er setzt sich gegen alle anderen Tieren durch, die sich mit ihm hungrig um ein Gerippe drängen. Er ist kein reiner Aasfresser, sondern jagt auch häufig kleinere Beutetiere oder plündert die Nester anderer Vögel.

ZWERGFLAMINGO

Der Zwergflamingo ist ein eleganter Vogel mit einem leuchtend rosa Federkleid, der feste Paare bildet und in sehr großen Kolonien von bis zu einer Million Vögeln lebt. Wenn eine Kolonie sich in die Luft erhebt, ist das eines der eindrucksvollsten Schauspiele ganz Afrikas.

MARABU

Der Marabu ist mit unseren Störchen verwandt, aber in seiner Lebensweise ähnelt er mehr einem Geier. Er ist von beeindruckender Größe – 1,5 Meter hoch mit einer Flügelspannweite von 3 Metern – und lebt von Aas, das er mit seinem großen Schnabel mühelos in Stücke reißt.

Das Nilkrokodil wird bis zu 6 Meter lang. Somit ist es das größte Krokodil Afrikas. Man trifft es auf dem gesamten Kontinent in Süßwassergebieten an, von Ägypten bis Südafrika; sein äußerst kraftvoller Biss kann jedes Tier zermalmen, das ihm in die Quere kommt, sogar einen ausgewachsenen Büffel.

NILKROKODIL

ZEBRA

Das Zebra gehört zu den großen Grasfressern der Savanne. Mit seinem schwarz-weiß gestreiften Fell ist es im Spiel von Licht und Schatten der hohen Gräser gut getarnt. Die Zeichnung ist bei jedem Tier einzigartig, wie ein Fingerabdruck, sodass kein Zebra einem anderen gleicht.

ERDFERKEL

Das Erdferkel ähnelt äußerlich dem Ameisenbären. Es ernährt sich hauptsächlich von Termiten, die es in großen Mengen mit seiner klebrigen Zunge erbeutet, nachdem es ihre Nester mit seinen riesigen Klauen aufgebrochen hat. Tagsüber hält sich das Erdferkel in seinem Erdbau auf, nachts ist es unterwegs.

GNU

Das Gnu zählt zu den am häufigsten vorkommenden Grasfressern der Savanne. Diese Herdentiere nehmen Jahr für Jahr eine enorme Wanderung auf sich: 1,6 Millionen Gnus begeben sich auf der Suche nach Wasser und Weideland von Tansania nach Kenia und legen dabei über 800 Kilometer zurück. Bei jeder Wanderung verenden aufgrund von Raubtierattacken und den Strapazen der Reise rund 250 000 Gnus.

STRAUSS

Der Strauß ist der Vogel mit den meisten Rekorden: Mit über 2,50 Metern Höhe ist er der größte und mit rund 150 Kilogramm Gewicht der schwerste Vogel; mit über 80 Kilometern pro Stunde ist er der schnellste Laufvogel und seine 15 Zentimeter langen Eier sind die größten. Ihr Volumen entspricht dem von 20 Hühnereiern.

MUNGO

Der Mungo ist ein kleines Säugetier, das einige großartige Fähigkeiten besitzt: Er ist schlau und mutig und hat blitzschnelle Reflexe. Das macht ihn zum gefährlichsten Feind der Schlangen. Die Mungos gehören zu den wenigen Tieren, die es mit einer Kobra aufnehmen können: Sie weichen deren tödlichen Angriffen aus und töten sie mit einem Biss in den Hals.

WARZENSCHWEIN

Anders als sein wenig vertrauenerweckendes Äußeres vermuten lässt, ist das Warzenschwein kein besonders aggressives Tier. Wenn es bedroht wird, weiß es sich allerdings mit Bissen zu verteidigen. Gerne wälzt es sich im Schlamm. Beim Rennen hat es die Angewohnheit, seinen Schwanz senkrecht in die Höhe zu halten, sodass er aussieht wie eine Antenne.

ELEFANT

Mit fast 4 Metern Größe und einem Gewicht, das dem von fünf Autos entspricht, ist der Afrikanische Elefant der wahre König der Savanne. Der Dickhäuter lebt in matriarchalischen Verbänden, in denen jedes Rudel von der ältesten Elefantenkuh angeführt wird.

GIRAFFE

Die Giraffe ist das höchste lebende Tier der Welt: Das Männchen kann bis zu 6 Meter groß werden. Giraffen ernähren sich von den Blättern der Akazie. Sie lassen sich von deren Dornen nicht stören, sondern streifen ihr die Blätter mit ihrer langen, rauen, raspelartigen Greifzunge von den Zweigen ab.

LÖWE

Die Löwen leben in Rudeln in der Savanne. Den Tag ruhen sie stundenlang im Schatten der wenigen vorhandenen Bäume. Hin und wieder gehen vor allem die Löwinnen auf die Jagd. Ihre Beutetiere sind Gazellen und Antilopen, aber auch deutlich größere Tiere wie Giraffen und Büffel.

IMPALA

Die Impalas sind eine elegante und sehr wendige Gattung der Antilopen, die bis zu 10 Meter weite Sprünge vollführen kann. Die Männchen haben leierförmige Hörner, mit denen sie sich gegenseitig zu Duellen herausfordern: Mit gesenktem Kopf treten sie gegeneinander an und stoßen dabei ein tiefes, lautes Röhren aus.

LEOPARD

Der Leopard ist das vielleicht schönste und eleganteste Raubtier der Welt. Er bewegt sich gemächlich, leise und aufmerksam, bis er blitzschnell angreift: Eine galoppierende Antilope holt er mühelos ein und nach einem tödlichen Biss trägt er sie trotz ihres Gewichts von 50 Kilogramm einen Baum hinauf, wo er seine Mahlzeit auf einem Ast ungestört einnimmt.

BÜFFEL

Der afrikanische Büffel ist in der Savanne überall anzutreffen. In jeder Herde gibt es ein männliches Tier, das mit hoch erhobenem Kopf und gut sichtbaren gebogenen Hörnern stets wachsam ist. Seine schwarze Silhouette ist auch aus der Ferne unverwechselbar: Sie flößt Furcht und Respekt ein.

PAVIAN

Paviane sind Affen, die sich lieber am Boden aufhalten als auf Bäumen. Sie leben in großen Gruppen unter dem Schutz besonders starker Männchen, die mit extrem scharfen Eckzähnen ausgestattet sind. Sie ernähren sich hauptsächlich von Pflanzen, hin und wieder verspeisen sie aber auch kleinere Tiere.

NASHORN

Das Spitzmaul- und das Breitmaulnashorn unterscheiden sich durch die Form ihrer Oberlippe, die bei Ersterem spitz zuläuft, bei Letzterem flach ist. Das Nashorn ist sehr stark bedroht, weil Wilderer es wegen seines Horns jagen, um es auf dem Schwarzmarkt für viel Geld zu verkaufen.

CHAMÄLEON

Diese Reptilien sind für ihre Fähigkeit berühmt, sich durch Veränderung ihrer Hautfarbe perfekt an ihre Umgebung anzupassen. Aber sie können noch mehr: Ihre Augen bewegen sie unabhängig voneinander hin und her und mit ihrem Greifschwanz, der doppelt so lang ist wie ihr Körper, fangen sie die Insekten, die ihnen als Nahrung dienen.

LEMUREN

Es gibt mehrere Arten dieser Halbaffen. Fast alle sind nachtaktiv und ihre Lockrufe klingen in den Baumkronen des Waldes wie das Rufen spielender Kinder. Alle Lemurenarten sind auf der Insel Madagaskar beheimatet – mit Ausnahme einer, die man auch auf den Komoren antrifft.

BRILLENPINGUIN

Die Brillenpinguine leben an der Westküste von Südafrika und Namibia. Nach ihnen sind die Pinguin-Inseln vor Namibia benannt, auf denen die meisten von ihnen zu Hause sind. Sie leben in großen Kolonien. In den letzten Jahrzehnten ist ihre Zahl jedoch aufgrund der Verschmutzung des Meerwassers mit Erdöl stark zurückgegangen.

WEISSER HAI

Mit seinen messerscharfen dreieckigen Zähnen von bis zu 7,5 Zentimetern Länge ist der Weiße Hai der größte Raubfisch der Erde. Er kann über 6 Meter lang und 2 Zentner schwer werden und kommt in allen Weltmeeren vor, auch im Mittelmeer. Besonders zahlreich sind die Weißen Haie vor der Küste Südafrikas, wo ihre beliebteste Beute die Ohrenrobben sind.

DIAN FOSSEY UND DIE GORILLAS

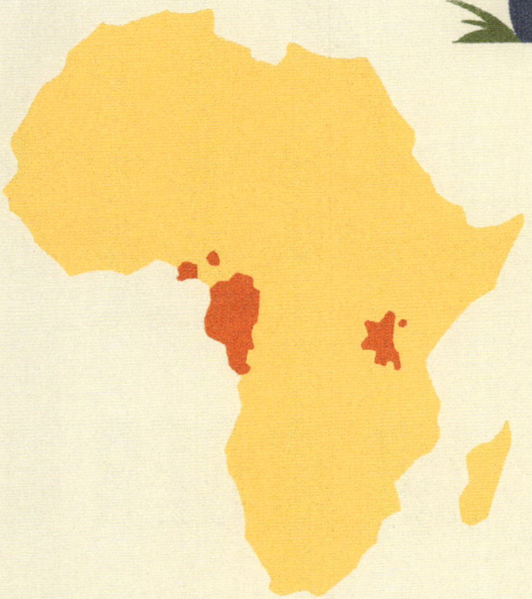

Dian Fossey war eine US-amerikanische Naturforscherin, die Tiere liebte. Zwanzig Jahre lang erforschte sie im tropischen Regenwald von Ruanda die Berggorillas, zu deren Schutz sie ein Forschungszentrum ins Leben rief.
Täglich verbrachte sie viele Stunden in Gemeinschaft mit den Gorillas. Es gelang ihr, als Mitglied der Gruppe anerkannt zu werden, sodass sie deren Verhalten studieren und dokumentieren konnte.

Sie führte einen ständigen Kampf gegen die Wilderer, die die Zahl der Gorillas drastisch verringerten. Das wurde ihr schließlich zum Verhängnis: 1985 wurde Dian Fossey von Unbekannten ermordet.

Berggorillas sind die größten Affen unseres Planeten. Auch wenn sie bedrohlich erscheinen können, sind es tatsächlich schüchterne, friedfertige Tiere. Sie leben in Familienverbänden, die von einem bejahrten Männchen mit silbergrauem Rückenfell, das auch „Silberrücken" genannt wird, beschützt und angeführt werden.

Gorillas sind hochintelligente Tiere, die miteinander über ihre Körperhaltung, aber auch mit verschiedenen Lauten kommunizieren. Sie ernähren sich von Pflanzen, Blättern und Früchten in großen Mengen und bauen sich als Schlafplatz ein Lager, das sich entweder auf dem Boden oder hoch oben in den Bäumen befindet.

ASIEN

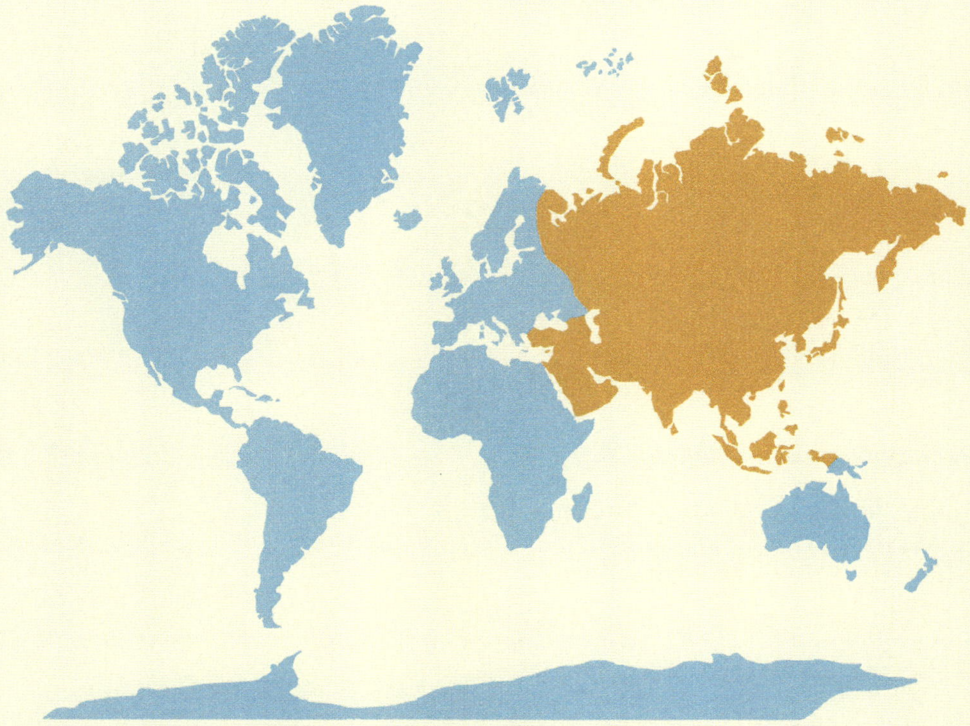

Asien ist flächenmäßig der größte Kontinent der Erde. Er grenzt an den Pazifischen und den Indischen Ozean, das Nordpolarmeer und das Mittelmeer. Gemeinsam mit Europa bildet es Eurasien, während es von Afrika durch den Suezkanal und von Nordamerika durch die schmale Beringstraße getrennt ist.

Asien ist auch der Kontinent der großen Kontraste: Hier befinden sich der höchste Punkt der Erde, der Mount Everest (8848 Meter), und der tiefste: der Marianengraben (-10.994 Meter). Die Temperaturen reichen von -70 °C in der Tundra Sibiriens bis zu 54 °C in der Wüste des Iran. Von der Taiga bis zur Steppe, von der Savanne bis zum Regenwald kommen alle Landschaften vor, mit einer vielfältigen Pflanzen- und Tierwelt: Flechten und Rentiere gibt es ebenso wie Palmen und Kamele.

NARWAL

Der Narwal lebt im arktischen Eismeer und ist das am weitesten nördlich vorkommende Säugetier. Von seinen zwei Zähnen wird der obere linke Zahn beim Männchen bis über 2,50 Meter lang, ist zu einer Spirale geformt und ragt durch die Oberlippe aus dem Mund. Die Funktion dieses langen Zahns ist ungeklärt und unter Zoologen bis heute umstritten.

POLARFUCHS

Die kurzen Beine mit behaarten Fußsohlen, die kleinen Ohren, die kurze Schnauze und das dichte, wärmende Fell ermöglichen diesem Fuchs, den langen, eiskalten Wintern der Arktis standzuhalten. Im Winter ist sein Fell schneeweiß, während es sich im Sommer hellbraun färbt. In manchen Populationen der Eismeerküste färbt es sich hingegen silberblau.

YAK

Diese Rinderart wurde vom Menschen domestiziert, um Wolle, Fleisch und Milch zu liefern und als Transportmittel zu dienen. In freier Wildbahn trifft man den Yak nur noch selten an. Er lebt als Herdentier in Steppen und Mooren sowie in Höhenlagen von über 5000 Metern, wo ihn sein dichtes schwarzes bis schwarzbraunes Fell vor der Kälte schützt. Dort nutzt er das Eis als Wasserquelle, um seinen Durst zu löschen.

SCHNEELEOPARD

Dieser Leopard hat ein dichtes, wolliges Fell in hellgrauen oder cremefarbenen Tönen mit dunklen Flecken, die ihn scheckig wirken lassen. Sehr wendig bewegt er sich im felsigen Gebirge, wo er beheimatet ist. Der Schneeleopard kann miauen, jaulen und schnurren, nur brüllen kann er nicht.

TIGER

Mit seinem gestreiften Fell ist der Tiger im Schatten des Regenwaldes sehr gut getarnt. Er ist ein Einzelgänger und bevorzugt wasserreiche Gebiete. Sobald er seine Beute ausgemacht hat, springt er sie an und tötet sie mit einem Prankenhieb auf das Genick. Der Sibirische Tiger kann bis zu 300 Kilogramm auf die Waage bringen. Er ist die größte lebende Katzenart.

KAMEL

Die wilden Kamelpopulationen leben in der Wüste Gobi, wo sie Kälte von bis zu -20 °C aushalten. Weil ihre Hufe an der Unterseite sehr breit sind, können sie sich über Schnee fortbewegen, ohne einzubrechen. Die beiden Höcker dienen als Fettspeicher und stehen aufrecht, wenn das Tier gut genährt ist. Geht der Vorrat zur Neige, hängen die Höcker schlaff zur Seite.

KLEINER PANDA

Der Kleine Panda ist ein naher Verwandter des amerikanischen Waschbären. Wie der Große Panda ernährt er sich von Bambus, aber auch von anderen Pflanzen. Mit einem „falschen Daumen" kann er die Blätter und Sprossen der Bambuspflanze greifen. Er lebt im Himalaya, in den Ländern Nepal, China und Tibet.

KOI-KARPFEN

Der Koi-Karpfen gilt in Japan als Symbol für Reichtum, Liebe und Glück. Er wurde von Züchtern im alten China unter verschiedenen Arten als Zierfisch ausgewählt. Heute ist er in unzähligen Teichen, Brunnen und kleinen Privatseen in aller Welt zu sehen. Der Koi-Karpfen ist, soweit man heute weiß, die langlebigste Fischart. Ein Exemplar hat das Rekordalter von 226 Jahren erreicht.

ASIATISCHER ELEFANT

Der Asiatische Elefant ist kleiner als der Afrikanische; er hat kleinere, runde Ohren und nur einen Finger am unteren Rüsselende, die Stoßzähne fallen bei den Bullen kürzer aus, bei den Kühen fehlen sie ganz. Auch er lebt in Herden, angeführt von einer älteren Elefantenkuh, die die Herde bei ihrer Suche nach Wasser und Nahrung leitet.

ASIATISCHER LÖWE

Der asiatische Löwe ist eine Löwen-Unterart, die in die Wälder des indischen Gir-Nationalparks zurückgedrängt wurde. Er ist etwas kleiner als sein Verwandter aus Afrika und hat eine weniger dichte Mähne, aber ähnliche Lebensgewohnheiten. In den letzten Jahrzehnten ist die Anzahl dieser Tiere leicht gewachsen.

PANZERNASHORN

Das Panzernashorn, auch Indisches Nashorn genannt, besitzt nur ein Horn. Das stattliche Tier kann ein Körpergewicht von bis zu 2 Tonnen erreichen. Seine Haut ist unbehaart und weist an den Seiten sowie am Hinterkörper zahlreiche Falten und warzenähnliche Knubbel auf, die wie eine Panzerung aussehen. Zwischen den Falten verbergen sich zahlreiche Parasiten, die von verschiedenen Vogelarten gefressen werden. So wird die Nashornhaut sauber gehalten.

HIRSCHEBER

Die Hirscheber gehören zur Familie der Echten Schweine. Ihre Haut ist braungrau, faltig und unregelmäßig behaart. Das Männchen verfügt über zwei unaufhörlich wachsende obere Eckzähne, Hauer genannt, die über 30 Zentimeter lang werden können! Sie wachsen nach oben hin und ragen am Kopf wie Hörner auf, nachdem sie zuerst die Oberlippe und dann den Gaumen durchbohrt haben.

MANIS

Der Körper des Manis ist mit kräftigen Schuppen überdeckt, die er beliebig kippen kann und die sich regelmäßig erneuern. Sie bieten ihm nicht nur Schutz vor Raubtieren, sondern auch eine gute Tarnung. Der Manis hat kräftige Vorderbeine mit stabilen Grabkrallen und dank seines Greifschwanzes kann er auf Bäumen wohnen. Seine Nahrung besteht aus Ameisen und Termiten, die er mit seiner extrem langen Zunge aufstöbert.

PFAU

Der Pfau ist ein Vogel, der ursprünglich aus den indischen Regenwäldern stammt. Die Männchen besitzen Federn in leuchtenden Farben, die Weibchen jedoch nur ein Tarnfederkleid, das sie gut verbirgt, wenn sie in ihrem Nest auf dem Boden ihre Eier ausbrüten. Während der Balz stellt das Männchen seine bis zu 2 Meter langen Rückenfedern zu einem prachtvollen bunten Rad auf, um Weibchen anzulocken.

MANDSCHURENKRANICH

Dank seiner Körpergröße von 140 Zentimetern bewegt sich dieser Kranich geschickt durch sumpfige Graslandschaften und beherrscht seine Umgebung aus der Höhe. Er ernährt sich von kleinen Wassertierchen, die er mithilfe seines langen, spitzen Schnabels erbeutet. Die Brutpaare sind einander das ganze Leben lang treu und geben während der Paarungszeit spektakuläre Tänze zum Besten.

KRAUSKOPFPELIKAN

Dieser große Vogel hat ein weißes Federkleid mit einigen schwarzen Federn an den Flügelspitzen. Einzigartig und leicht erkennbar ist er aufgrund des rosa- oder orangefarbenen Kehlsacks unterhalb des Schnabels, in dem er seine Beute, kleine Fische, sammelt. Er lebt und jagt meistens in der Gruppe: Gemeinsam treiben mehrere Pelikane Schwarmfische in flaches Wasser, wo sie sie mühelos fangen können.

BRILLENSCHLANGE

Die Brillenschlange ist aufgrund ihres starken, tödlichen Gifts gefürchtet. Tatsächlich ist sie jedoch ein eher scheues und zurückhaltendes Tier. Fühlt sie sich aber bedroht, streckt sie ihren Kopf und ihren vorderen Körper empor und spreizt ihren Halsschild, auf dessen Rückseite ein brillenartiges Muster sichtbar wird. Diesem verdankt sie ihren Namen. Begleitet wird diese Drohgebärde von einem warnenden Zischen.

GIBBON

Der Gibbon ist ein kleiner Affe, der in den Regenwäldern Südostasiens lebt. Dort hangelt er sich mit seinen kräftigen langen Armen von Baum zu Baum. Den Boden betritt er nie. Wie seine Verwandten, die Gorillas und die Schimpansen, hat auch der Gibbon keinen Schwanz. Einige Arten besitzen einen Kehlsack, der ihre Stimme verstärkt.

NASENAFFE

Dieser Affe ist ein Baumbewohner, der in Borneo an den Küsten und in den Mangrovenwäldern lebt. Seinen Namen verdankt er seiner auffällig herabhängenden Nase, die beim Männchen stärker ausgeprägt ist als beim Weibchen. Der Nasenaffe lebt in Gruppen von bis zu 30 Tieren, unter denen sich ein dominantes Männchen und erwachsene Weibchen mit ihren Jungaffen befinden. Während das Männchen Feinde abwehrt, besorgen die Weibchen die Nahrung.

KURZKOPFGLEITBEUTLER

Der Kurzkopfgleitbeutler ist ein kleines, nachtaktives Beuteltier, das zu den Baumbewohnern zählt und in Neuguinea und Indonesien zu Hause ist. Weil seine Vorder- und Hinterbeine auf jeder Seite durch Flugmembranen miteinander verbunden sind, kann er von einem hohen Punkt aus zu langen, bis zu 50 Meter weiten Gleitsprüngen ansetzen. Er bevorzugt süße Nahrung wie Früchte, frisst aber auch Insekten.

PARADIESVOGEL

Die Paradiesvögel werden in mehrere Arten von unterschiedlicher Größe eingeteilt. Die Männchen besitzen ein farbenprächtiges, auffällig gemustertes Federkleid, das sie während der Balztänze zur Schau tragen, um die Weibchen zu erobern. Diese finden auf Bäumen statt und können mehrere Stunden andauern. Die Nahrung dieser Waldvögel besteht aus Früchten.

KOMODOWARAN

Diese Riesenechse kann bis zu 3 Meter lang und 70 Kilogramm schwer werden. Ein ausgewachsenes Tier ernährt sich von Hirschen und anderen Wirbeltieren. Sie lauert ihnen auf, versetzt ihnen einen Biss und schüttelt sie dann zu Tode. Beutetiere, die fliehen konnten, verenden an dem giftigen Biss. Komodowarane können auf einmal eine Menge fressen, die 80 Prozent ihres Körpergewichts entspricht.

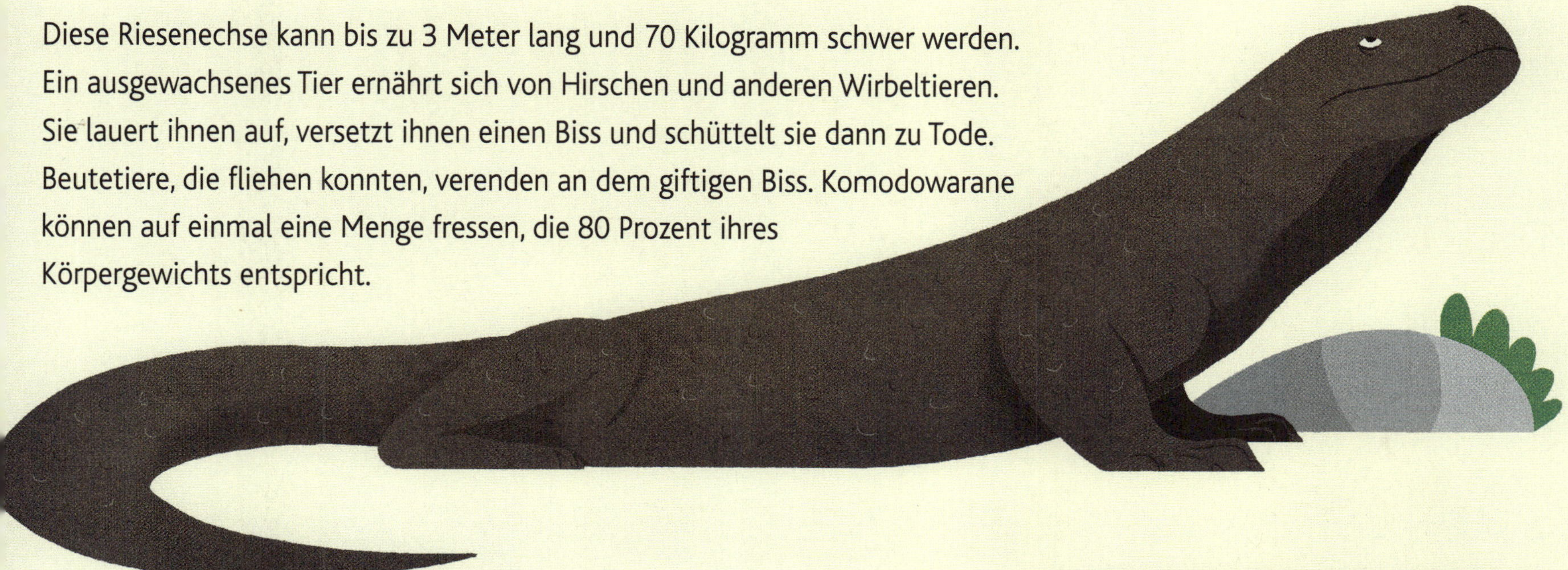

NETZPYTHON

Diese Schlange erreicht leicht eine Länge von 9 Metern und ein Körpergewicht von 140 Kilogramm. Ihr Lebensraum sind Wälder und Feuchtgebiete, aber auch die Kanalisation in Städten, wo sie sich von den oft zahlreich vorhandenen Ratten ernährt. Dank ihrer Labialgruben kann sie winzige Temperaturunterschiede wahrnehmen, die warmblütige Beutetiere verursachen.

FLUGDRACHEN

Diese kleine Eidechse von rund 20 Zentimetern Länge lebt auf den Bäumen der tropischen Regenwälder, wo sie auf Insektenjagd geht. Flugdrachen können von den hohen Bäumen aus über 15 Meter weite Gleitsprünge ausführen. Für diese Art des Fliegens besitzen sie keine echten Flügel, sondern Flugmembranen aus Haut an den Seiten ihres Körpers. Spannt das Tier sie an, verfügt es über eine Art Segel, auf dem es durch die Luft gleitet.

PANDA-ENTDECKER ARMAND DAVID

Der Franzose Armand David trat als junger Mann in eine Missionskongregation ein, um die Fortsetzung seiner Studien abzusichern, für die seine Familie nicht länger aufkommen konnte. Um die Mitte des 19. Jahrhunderts wurde er nach Asien gesandt, um dort die Christianisierung voranzutreiben. Aufgrund seiner Leidenschaft für Pflanzen und Tiere und seiner naturkundlichen Kenntnisse sollte er zugleich Fundstücke sammeln, was er erst in China und anschließend auch in der Mongolei und in Tibet tat.

Auf seinen wissenschaftlichen Erkundungsreisen beschrieb er erstmals nicht nur Pflanzenarten wie den Sommerflieder, der heute auch in unseren Gärten beliebt ist, weil er Schmetterlinge anlockt, sondern auch den nach ihm benannten Davidshirsch und vor allem den Großen Panda.

Der Große Panda, das Wappentier des WWF, gilt als eine der hundert am stärksten bedrohten Tierarten. Der Große Panda ist ein ausgeprägter Pflanzenfresser mit einem sehr dichten Fell und einer charakteristischen Schwarz-Weiß-Färbung. Er hat ein ruhiges Temperament und verbringt zwölf Stunden täglich damit, mehr als 12 Kilogramm seiner Hauptnahrung zu verspeisen: Bambussprossen. Um die Sprossen greifen zu können, verfügt er über einen „falschen Daumen", der sich aus seinem Handwurzelknochen herausgebildet hat. Daher haben seine Vorderpfoten dem Anschein nach sechs Finger!

Derzeit lebt der Große Panda nur noch in den Bergen Zentralchinas in freier Wildbahn. Ein Panda-Zuchtprogramm sorgt für Nachwuchs. Alle Panda-Babys, die weltweit in Zoos zur Welt kommen, sind Eigentum der chinesischen Staatsregierung, die mit ihrer Hilfe eine Genbank für das Erbgut des Großen Pandas aufbaut, um den Erhalt dieser Tierart zu sichern.

OZEANIEN

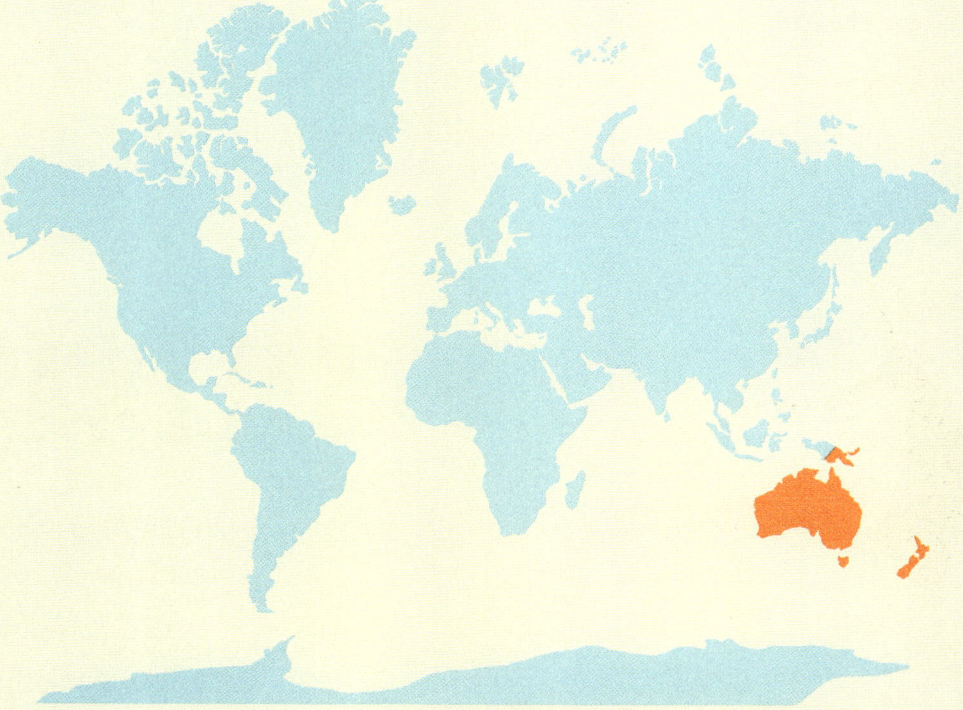

Ozeanien umfasst Australien, Neuseeland sowie die Inselgruppen Polynesiens, Melanesiens und Mikronesiens. Seine Gesamtfläche, einschließlich aller Inseln, beträgt fast 9 Millionen Quadratkilometer, wovon allein Australien beinahe 90 Prozent ausmacht.

Die Inseln Mikronesiens und Polynesiens, auf denen ein tropisches Klima herrscht, liegen beiderseits des Äquators weit über den Ozean verstreut und werden so dem Namen des Kontinents gerecht.

Im südlichen Teil Australiens sowie in Neuseeland herrscht ein nach Süden hin zunehmend kälter werdendes Klima.

DUGONG

Der Dugong, ein Verwandter der amerikanischen und afrikanischen Rundschwanzseekühe, ist ein großer Wassersäuger mit rund 3 Metern Länge und einem Körpergewicht von bis zu einer halben Tonne. Er lebt in flachen Gewässern entlang der Küsten des Indopazifiks, wo er gemächlich die Seegraswiesen abweidet.

SALZWASSERKROKODIL

Das Salzwasserkrokodil ist mit über 6 Metern Länge und bis zu einer Tonne Gewicht das größte Krokodil der Welt. Es hält sich in den Sumpfgebieten von Küsten auf, legt seine Eier aber in Nestern an Süßwasser-Binnengewässern ab, wo es sie bis zum Schlüpfen der Jungen sorgsam bewacht.

WALHAI

Der Walhai trägt seinen Namen aufgrund seiner Größe, die der mancher Walarten um nichts nachsteht. Tatsächlich ist er aber der größte Hai und gleichzeitig der größte Fisch der Welt – mit einer Länge von fast 15 Metern. Er ist kein Jäger, sondern ernährt sich ausschließlich von Plankton und anderen winzigen Fischen und Tintenfischen, die er aus dem Wasser filtert.

WOMBAT

Der Wombat ist ein Beuteltier, das einem kleinen Bären ähnelt. Er wird etwa 1 Meter lang und wiegt rund 30 Kilogramm. Seine Höhlen bestehen aus einer Reihe weitläufig verzweigter Gänge, in die er sich schnell zurückziehen kann, wenn ihm ein Raubtier bedrohlich nahe kommt.

ECHTER STEINFISCH

An den Felsen eines Korallenriffs herumzustöbern kann gefährlich werden: Man könnte dabei auf einen Echten Steinfisch stoßen, der einem mit Algen und Korallen verkrusteten Stein zum Verwechseln ähnlich sieht. Das Sekret in seinen Rückenflossenstacheln macht ihn zum giftigsten Fisch der Welt. Auch für den Menschen kann es tödlich sein.

AMEISENIGEL

Der Ameisenigel ist ein bizarres Säugetier, das wie eine Kreuzung aus verschiedenen Tierarten wirkt. Er ist von Stacheln bedeckt wie ein Igel, hat eine röhrenförmig verlängerte Schnauze wie ein Ameisenbär, Krallen wie ein Bär ... und er legt Eier wie ein Vogel!

SCHNABELTIER

Der wissenschaftliche Name dieses Tiers lautet „Ornithorhynchus", „Vogelschnabel". Das Schnabeltier legt Eier ab – wie der Ameisenigel – und die Männchen gehören zu den wenigen Säugetieren, die mit Gift ausgestattet sind. Dieses gelangt über Drüsen in Giftsporne an seinen Hinterbeinen. Als geschickter Schwimmer fühlt es sich im Wasser weitaus wohler als zu Land.

DORNTEUFEL

Mit seinem furchterregenden Aussehen steht der Dornteufel den grimmigsten Dinosauriern um nichts nach, doch er ist gerade einmal 20 Zentimeter groß. Sein vollständig mit Stacheln und Knötchen bedeckter Körper gleicht einem trockenen, dornigen Zweig und ist die perfekte Tarnung.

ROTES RIESENKÄNGURU

Das rote Riesenkänguru ist das größte aller Beuteltiere. Mit seinen kräftigen Hinterbeinen wird es bis zu 60 Stundenkilometer schnell und springt mit einem Satz über 5 Meter weit. Es wird fast 2 Meter groß und rund 90 Kilogramm schwer. Kämpfen zwei Männchen miteinander, sieht das wie ein Boxkampf aus.

KOALA

Der Koala ist ein zahmes Tier, das sein Leben zwischen Eukalyptuszweigen verbringt, deren Blätter seine einzige Nahrungsquelle sind. Er sieht aus wie ein netter kleiner Bär, dabei ist er ein Beuteltier: Wenn das Junge sich entwickelt hat, klettert es auf den Rücken der Mutter und lässt sich so lange von ihr tragen, bis es schließlich selbstständig wird.

WALLABY

Mehrere kleine Arten aus der Familie der Kängurus werden als Wallabys bezeichnet, was sich von dem Namen ableitet, den die Ureinwohner ihnen gegeben haben. Die Wallabys sind freundlicher als die großen Kängurus und wurden auch, fern ihrer Heimat, in Länder Europas eingeführt.

QUOKKA

Das Quokka ist ein kleines Beuteltier, das im Südwesten Australiens zu Hause ist. Mit seinen 50 Zentimetern Körpergröße und unter 5 Kilogramm Gewicht ähnelt es einem Plüschtier-Känguru. Zwar wirkt es unbeholfen, aber es ist sehr beweglich und Menschen gegenüber wenig scheu.

KAKADU

Wenn Kakadus, typisch australische Papageien, die Federhaube auf ihrem Kopf aufstellen, sind sie unverwechselbar. In Körpergröße und Farbenpracht variieren sie vom Rosakakadu, der so groß ist wie eine Taube, bis hin zum eindrucksvollen, bis zu 60 Zentimeter großen Rabenkakadu, der von allen Papageien den größten Schnabel besitzt.

EMU

Der Große Emu, auch australischer Strauß genannt, läuft ebenso schnell wie sein afrikanischer Verwandter. Er hat ein weiches Federkleid, das sich beim Laufen im Wind bewegt, und kahle Hautstellen an Kopf und Hals, die blau gefärbt sind.

LACHENDER HANS

Der Lachende Hans ist mit unseren Eisvögeln verwandt, aber er ist deutlich größer und ernährt sich von Mäusen, Eidechsen und Insekten. Seinen Namen verdankt er seinem Ruf, der wie ein lautes Gelächter klingt.

KASUAR

Der Kasuar ist ein großer flugunfähiger Vogel, dessen Flügel sich zu einer Reihe von Federkielen zurückgebildet haben. Diese sind ebenso schwarz wie sein übriges fellartiges Federkleid. Leuchtend rote und blaue Stellen an Kopf und Hals wirken wie ein Warnsignal, denn mit seinen langen, spitzen Krallen weiß sich der Kasuar gegen Angreifer sehr wirkungsvoll zu verteidigen.

LEIERSCHWANZ

Normalerweise lässt seine Tarnfarbe diesen Singvogel eher unauffällig aussehen. Während der Balz offenbart das Männchen seine jedoch volle Schönheit, wenn es sich seine prachtvolle Schwanzschleppe mit ihren hellen, fadenartigen Federn wie einen zarten Brautschleier über den Körper legt.

TUATARA

Auf den ersten Blick sieht die Brückenechse einfach wie eine große Eidechse aus. Naturforschern gilt sie aber als ein „lebendes Fossil", da sie die einzige überlebende Art einer Reptiliengruppe ist, die vor rund 60 Millionen Jahren ausstarb. Heute lebt die Brückenechse als geschützteTierart auf den Inseln Neuseelands.

KIWI

Schon allein sein ungewöhnliches Erscheinungsbild macht den Kiwi zu einem Vogel, der sich von allen anderen abhebt. Aber er hat noch eine weitere kuriose, nicht unmittelbar sichtbare Eigenschaft: Das Weibchen, nicht größer als eine Henne, legt ein Ei ab, das fast ein Pfund wiegt!

ABEL TASMAN

Abel Tasman war ein niederländischer Seefahrer und Entdecker aus dem 17. Jahrhundert, der als erster Europäer nach Neuseeland und auf die Tasmanischen Inseln gelangte, die nach ihm benannt sind. Darüber hinaus hatte er das Verdienst, Landkarten von bis dahin unerforschten Gegenden zu zeichnen.

Tasman erhielt nur wenig Anerkennung von den niederländischen Kompanien, die für seine Forschungsreisen aufkamen, da die von ihm entdeckten Gebiete eher wissenschaftlich als wirtschaftlich von Bedeutung waren. Aus diesem Grund wurden Tasmanien und Neuseeland mehr als ein Jahrhundert lang nicht mehr besucht.

BEUTELTEUFEL

Der Beutelteufel, auch Tasmanischer Teufel genannt, ist ein fleischfressendes Beuteltier. Seinen Namen verdankt er seinem schlechten Ruf, denn er gilt als unglaublich wild – jedoch zu Unrecht. Tatsächlich frisst der Beutelteufel, der etwa so groß ist wie ein mittelgroßer Hund, vor allem Aas. Dank seinem kräftigen Biss und seinem aggressiven, lebhaften Temperament gelingt es ihm gelegentlich, auch kleine Kängurus zu erbeuten. Zu Unrecht wurde der Beutelteufel jahrhundertelang verfolgt. Man beschuldigte ihn, Nutztiere zu töten, die jedoch mit viel größerer Wahrscheinlichkeit verwilderten Hunden zum Opfer fielen. Nachdem er ursprünglich auch in Australien verbreitet war, kommt er heute nur noch in Tasmanien vor, weil er so stark gejagt wurde. Heute zählt der Beutelteufel zu den geschützten Tierarten.

NORDAMERIKA

Nordamerika erstreckt sich vom arktischen Eis im Norden bis zu der schmalen Landbrücke, die es mit Südamerika verbindet.

Seine Küsten grenzen an zwei Ozeane, den Atlantik im Osten und den Pazifik im Westen.

Innerhalb des Kontinents findet sich eine beeindruckende Vielfalt an Landschaften – von der Wüste bis zu hohem Gebirge, von Ebenen bis zu weitläufigen Wäldern –, in denen eine äußerst vielseitige Pflanzen- und Tierwelt beheimatet ist.

EISBÄR

Als begabter Schwimmer und wilder Räuber beherrscht der Eisbär die Eislandschaft des Nordens. Mit seinem dichten weißen Fell ist er optimal gegen die sehr niedrigen Temperaturen geschützt und inmitten Eis und Schnee gut getarnt. Er lebt als Einzelgänger und legt weite Wege zurück, um seine Beute ausfindig zu machen – wie etwa Robben.

WALROSS

Der kolossale Meeressäuger lebt in den kalten Meeren der Nordhalbkugel. Er hat lange Schnurrbarthaare und zwei große, abwärtsgerichtete Eckzähne, mit denen er Atemlöcher ins Eis brechen und sich wie mit Steigeisen aus dem Wasser hieven kann. Mit Vorliebe ruht er auf dahintreibenden Eisschollen.

MOSCHUSOCHSE

Der Moschusochse ist ein Großrind mit einem langen, dichten Fell, das bis auf den Boden reicht und ihn vor Kälte schützt. Es ist in der Tundra von Kanada und Alaska zu Hause, wo die Sommer frisch und kurz, die Winter hingegen lang und rau sind.

ELCH

Der Elch ist der größte Vertreter der Familie der Hirsche. Er hat ein dunkelgraues Fell, das sich im Winter aufhellt. Er bevorzugt feuchte Umgebungen und geht gern ins Wasser. Die männlichen Tiere besitzen ein großes Geweih, das sich Jahr für Jahr erneuert.

BIBER

Der Biber ist das größte Nagetier Nordamerikas und kann bis zu 1 Meter groß werden. Mit seinem wasserdichten Fell ist er hervorragend an das Leben in Flüssen angepasst. Er ist ein Meister darin, aus Baumstämmen und Ästen Dämme in Bächen und Flüssen zu bauen, die das Wasser zu kleinen Seen aufstauen.

GRIZZLYBÄR

Der Grizzlybär ist ein sehr großer Braunbär, der Wälder in gemäßigten und kalten Breiten bewohnt. Der Allesfresser und ernährt sich von Beeren, Früchten und Wurzeln, aber auch von Fleisch; hierzu gehört auch der Lachs, den er geschickt aus Flüssen und Wasserfällen fischt. Im Winter hält er Winterruhe. Dabei geht seine Körpertemperatur jedoch nur wenig zurück und er ist leicht aufzuwecken.

LACHS

Der Lachs ist ein Fisch, der ausgedehnte Wanderungen auf sich nimmt. Zumeist lebt er im Meer, doch zum Laichen begibt er sich ins Süßwasser und schwimmt flussaufwärts bis zur Quelle, wo das Weibchen die Eier ablegt, die von Männchen befruchtet werden. Die Reise ist lang und mit Gefahren verbunden. Jedes Jahr erreicht nur ein kleiner Teil der Lachse ihr Ziel.

WEISSKOPFSEEADLER

Seit 1782 ist er das Nationalsymbol der USA. Der geschickte Jäger erbeutet bevorzugt Fische, darum trifft man ihn in der Nähe von Seen und Wasserläufen an. Allerdings stehen auch Schlangen, kleine Säugetiere und Aas auf seinem Speiseplan.

SKUNK

Der Skunk, oftmals auch als Stinktier bezeichnet, ist ein nachtaktives Tier und ein Allesfresser. Vor seinen Feinden schützt er sich, indem er sie mit einer übelriechenden Flüssigkeit bespritzt, die in Drüsen unterhalb seines Schwanzes hergestellt wird.

WASCHBÄR

Der Name Waschbär geht auf die kuriose Angewohnheit dieses Bären zurück, seine Nahrung vor dem Verzehr im Wasser zu waschen. Er ernährt sich von kleinen Tieren und Trockenfrüchten und beschafft sich nicht selten Speisereste aus dem Abfall der Menschen.

GABELBOCK

Der Gabelbock ist ein sehr schneller Läufer, der in großen Graslandschaften lebt, wo er sich von Gräsern und Sprossen ernährt. Sein Körper ist bräunlich, Bauch und Hinterteil sind weiß. Die verzweigten Hörner bestehen wie beim Steinbock aus Knochenzapfen, sind aber von verhorntem Material umgeben, das sich wie beim Hirsch einmal jährlich ablöst.

OPOSSUM

Das Opossum ist eine Beutelratte, die als Einzelgänger lebt. Sie verbringt ihre Tage auf Bäumen und hängt sich oft mit ihrem langen Greifschwanz an Äste. Fühlt sie sich bedroht, stellt sie sich tot, um ihren Angreifer zu verwirren und bei der ersten Gelegenheit zu fliehen.

ALLIGATOR

Der amerikanische Alligator lebt in Sumpfgebieten, Seen oder Flüssen im Südosten der Vereinigten Staaten. Sein Körper ist mit Knochenplatten gepanzert, die von einer grünbraunen Haut überzogen sind: Alligatoren verstehen es, sich mühelos an ihr Umfeld anzugleichen, und wenn sie reglos am Ufer liegen, sind sie leicht mit Baum-stämmen zu verwechseln.

PUMA

Der Puma, auch Berglöwe genannt, ist ein großer Fleischfresser, der abends und nachts aktiv ist. Er bewohnt unterschiedliche Landschaften, vom Gebirge bis zum Regenwald. Sein Revier markiert er mit Kot und Urin und mit Kratzspuren an den Bäumen.

DIADEMHÄHER

Der Diademhäher trägt einen auffälligen Federschopf auf dem Kopf und ahmt Laute sehr geschickt nach. Er lebt in Gruppen in den nordamerikanischen Wäldern und da er vor Menschen keine Angst hat, begibt er sich auf der Nahrungssuche häufig in Wohngebiete in Waldnähe.

HERINGSMÖWE

Die Heringsmöwe ist eine mittelgroße bis große Möwe, die man nicht nur in Amerika antrifft. Sie errichtet ihr Nest in Küstennähe und legt darin einmal im Jahr drei Eier ab. Ihre Nahrung holt sie sich aus dem Meer, sie frisst aber auch Nestlinge, Eier anderer Vögel und Aas.

PRÄRIEHUND

Der Präriehund ist ein kleines Nagetier, das in großen Kolonien in Höhlen lebt. Diese sind im Boden durch schachtartige Gänge miteinander verbunden – ähnlich einer unterirdischen Stadt. An der Erdoberfläche gibt es Beobachtungspunkte für wachhabende Tiere, die ihre Artgenossen mit einem Pfiff warnen, sobald sich ein Räuber nähert.

WEGEKUCKUCK

Der Wegekuckuck, mit dem Kuckuck verwandt, ist ein kleiner Vogel, der zwar fliegen kann, aber lieber läuft. Mit bis zu 30 Stundenkilometern verfolgt er seine Beute und fängt sie. Zumeist sind das kleine Tiere, darunter auch giftige Schlangen. In einem populären Zeichentrickfilm begegnet er uns als der rasende Wile E. Coyote.

KÄNGURURATTE

Die Kängururatte ist ein kleines Nagetier, das vor allem in Wüstengebieten lebt. Mit ihren langen Hinterbeinen springt sie mühelos über den Sand. Sie braucht zum Überleben wenig Wasser, denn die Samen und Insekten, von denen sie sich ernährt, liefern ihr alle Flüssigkeit, die sie benötigt.

KLAPPERSCHLANGE

Die Klapperschlange besitzt ein Gift, das sie mit ihrem Biss abgeben kann und das auch Menschen gefährlich wird. Das Klappern erzeugt sie mit ihrer Schwanzrassel, einer aus getrockneten Hautringen bestehenden Struktur, die sich bei vorangegangenen Häutungen gebildet hat. Durch Schütteln der Schwanzspitze produziert sie bei nahender Bedrohung einen sehr lauten, charakteristischen Klang als Warnsignal.

HARLEKIN-KORALLENOTTER

Die Harlekin-Korallenotter, eine Verwandte der Kobra, gehört zu den giftigsten Schlangen der Welt. Sie ist an ihren leuchtenden Farben leicht zu erkennen: Ihr ganzer Körper ist mit regelmäßigen roten, gelben und schwarzen Bändern gemustert. Viele harmlose Schlangen haben sich ein ähnliches Aussehen zugelegt, um potenzielle Angreifer abzuschrecken.

OHRENROBBE

Die Ohrenrobbe ist ein sehr intelligentes Tier, das sein Talent als Gleichgewichtskünstler auch mal bei Zirkusvorführungen zur Schau stellt. Im Unterschied zu den Hundsrobben sind bei den Ohrenrobben noch kleine Ohrmuscheln vorhanden. An Land bewegen sie sich fort, indem sie ihre Hinterflossen unter den Körper drehen.

SPEERFISCH

Ähnlich dem Schwertfisch hat der Speerfisch einen auffällig verlängerten Oberkiefer. Unter Sportanglern ist er wegen seiner Geschicklichkeit und seiner Kraft einer der begehrtesten Fangfische. Er ist sehr schnell und hat ein aggressives Temperament.

RIEMENFISCH

Der Riemenfisch ist ein großer Tiefseefisch, der bis zu 11 Meter lang werden kann. Er ist ein Fleischfresser, doch seine Beute sind Kleintiere. Auch wenn er Gegenstand von Legenden über Schlangen und Meeresungeheuer ist – für Menschen ist dieser Fisch ungefährlich.

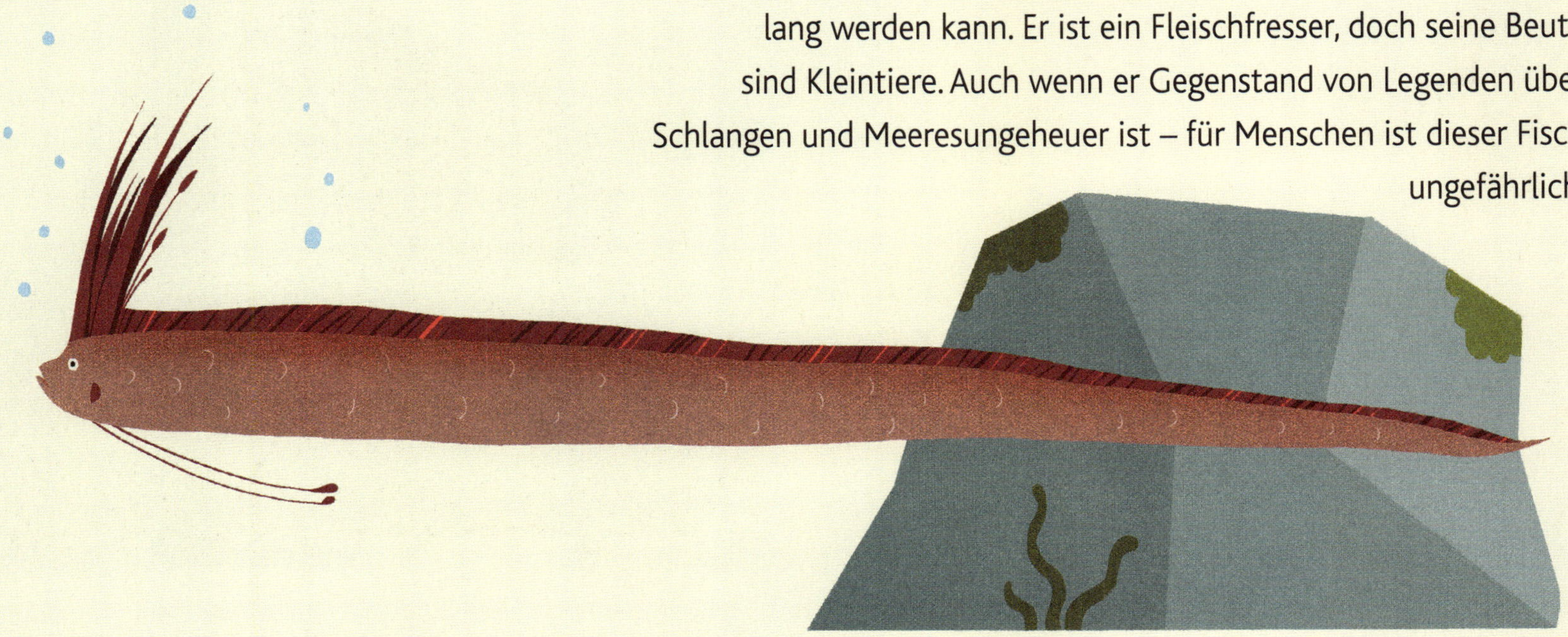

GENERAL ULYSSES SIMPSON GRANT UND DIE AMERIKANISCHEN BISONS

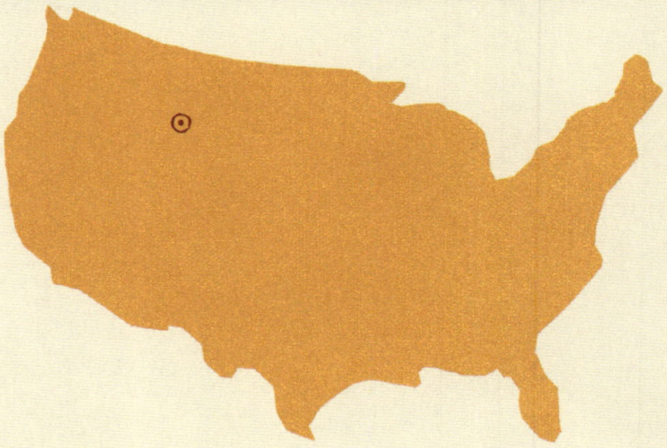

Der Name des General Grant ist mit einem der bedeutendsten Naturreservate der Welt, dem Yellowstone-Nationalpark, verbunden. Im Jahr 1872 unterzeichnete er als Präsident der Vereinigten Staaten von Amerika das Gesetz, mit dem die Grundlage dafür geschaffen wurde.

Der Park liegt auf drei US-amerikanischen Bundesstaaten (Wyoming, Idaho und Montana) und gilt als erster Nationalpark der Geschichte.

Angesichts der unkontrollierten Ausbeutung der Natur erkannte die Regierung die Notwendigkeit, ein Gebiet unter Schutz zu stellen, das über eine noch unberührte Natur verfügte. Der Naturpark ermöglichte den Schutz der Amerikanischen Bisons, die durch erbarmungslose Bejagung an den Rand des Aussterbens gedrängt und auf unter 100 Exemplare reduziert worden waren. Heute sind sie nach wie vor geschützt und ihre Zahl steigt wieder an.

Der Amerikanische Bison ist ein Großrind. Er hat ein dunkles, sehr langes Fell an Kopf und Schultern, was seinen Vorderkörper deutlich größer wirken lässt, als er tatsächlich ist.

Sowohl die Bullen als auch die Kühe haben lange, spitze Hörner. Die Bisons leben in vereinzelten Herden, die sich nur im Sommer während der Brunft versammeln. Im Frühling gebären Bisonkühe in der Regel nur ein einziges Kalb.

SÜDAMERIKA

Südamerika ist mit Nordamerika durch eine schmale Landzunge verbunden, durch die der Panamakanal verläuft. Es grenzt im Osten an den Atlantischen und im Westen an den Pazifischen Ozean.

Mehr als 30 Prozent seiner Fläche sind von Regenwald bedeckt, der größte ist der Amazonas-Regenwald.

Südamerika erstreckt sich von den Tropen beinahe bis zum Südpol und aufgrund seiner Ausdehnung vereint es eine große Vielfalt an Klimazonen und Landschaften. Außer dem Regenwald gibt es hohe Gebirge wie die schneebedeckten Anden sowie Wüsten und Graslandschaften.

NABELSCHWEIN

Nabelschweine ähneln dem Hausschwein. Man findet sie im Regenwald, aber auch in Graslandschaften, in der Wüste und sogar in Städten, wo sie im Müll leicht Nahrung finden. Nabelschweine verkriechen sich gern in höhlenartigen Rückzugsorten wie Grotten oder Löcher in oder unter Bäumen oder im Boden.

JAGUAR

Der Jaguar ist eine amerikanische Großkatze mit einem unverkennbaren gefleckten Fell, das ihn zwischen den Bäumen der dichten Regenwälder, die er bewohnt, optimal tarnt. Der hervorragende Jäger überrascht seine Beute, indem er sie plötzlich anspringt, um ihr einen tödlichen Biss in den Nacken, die Kehle oder den Schädel zu versetzen.

OZELOT

Der Ozelot sieht einer großen Wildkatze ähnlich. Er trägt ein scheckiges Fell, das ihn im Dickicht des Regenwaldes gut verbirgt. Nachts ist er aktiv und tagsüber ruht er am liebsten auf Bäumen. Sein an die Artgenossen gerichtetes Rufen erinnert an das Miauen einer Katze.

BRÜLLAFFE

Sein langer Greifschwanz, der an der Spitze mit einem Tastsinn ausgestattet ist, ermöglicht dem Brüllaffen, an Ästen zu baumeln. Seinen Namen verdankt dieses Tier seiner Fähigkeit, durchdringende Laute auszustoßen, die noch in mehreren Kilometern Entfernung zu hören sind.

TAPIR

Tapire sind große Säuger mit einem massiven Körperbau, großen Ohren und einem kurzen Rüssel, mit dem die Tiere ihre Nahrung zum Mund führen. Bei ihrer Geburt haben die Jungen eine Tarnfärbung, die mit der Zeit dunkler wird. Tapire fühlen sich im Wasser sehr wohl: Hier fressen sie, ruhen sie sich aus und waschen sie sich.

DREIFINGER-FAULTIER

Dieser Säuger verbringt seine Tage, indem er fast völlig regungslos mit seinen langen Krallen am Ast eines hohen Baums hängt. Er frisst Blätter, die er sehr langsam verdaut. Die Form seines Mundes erweckt den Anschein, als würde er uns freundlich anlächeln.

VAMPIRFLEDERMAUS

Die kleine Vampirfledermaus ernährt sich nachts vom Blut großer Säugetiere wie Kühe oder Pferde, während diese schlafen. Sie saugt das Blut nicht, sondern leckt es von einer kleinen Wunde, die sie dem Tier mit einem kleinen Biss zufügt. Eine Substanz in ihrem Speichel verhindert, dass das herausfließende Blut gerinnt und dickflüssig wird.

TUKAN

Tukane sind Regenwaldvögel, die für ihre großen, prächtig gefärbten Schnäbel berühmt sind. Ihre Nester errichten sie in Bäumen, wobei sie von anderen Tieren angelegte Löcher nutzen. Sie fressen Früchte, aber auch kleine Wirbeltiere und die Eier anderer Vögel. Weil ihre Flügel nur klein sind, können sie keine längeren Flugstrecken bewältigen.

QUETZAL

Die lebhaften Farben seines Gefieders machen die Pracht dieses kleinen Vogels aus. Die Männchen haben außerdem auf dem Kopf einen Kamm sowie bis zu 1 Meter lange Schwanzfedern. Aufgrund seiner Schönheit wurde der Quetzal von den präkolumbianischen Azteken und Maya als Gottheit verehrt.

AMAZONENPAPAGEI

Amazonenpapageien werden seit langem gefangen und als Haustiere genutzt. Sie sind nicht nur aufgrund ihres bunten Federkleids, sondern auch wegen ihrer Intelligenz, ihres freundlichen Wesens und ihrer lebhaften Art sehr beliebt. Darüber hinaus lernen sie erstaunlich schnell die menschliche Stimme nachzuahmen.

BRILLENKAIMAN

Der Brillenkaiman ist ein Reptil, das mit Alligatoren und Krokodilen verwandt ist. Seinen kuriosen Namen verdankt er der Tatsache, dass seine Augenhöhlen durch einen knöchernen Vorsprung miteinander verbunden sind. Brillenkaimane sind nachtaktiv, während sie tagsüber regungslos in der Sonne ruhen. Das Nest dieser Tiere ist ein 1,50 Meter breiter Erdhaufen, der bis zu 65 Eier enthalten kann und aus denen nach 6 Wochen die Jungtiere schlüpfen.

ANAKONDA

Ihr Lebensraum sind die Sumpfgebiete an den Flüssen der dichten Amazonas-Regenwälder. Anakondas sind Würgeschlangen, die ihre Beutetiere töten, indem sie sie mit ihrem Körper umwickeln und in seinen Windungen ersticken lassen. Zu ihrer Nahrung gehören große Nagetiere, Tapire, Hirsche, Fische, Schildkröten, Vögel und Wasserreptilien. Gelegentlich erbeuten sie auch Jaguare.

PIRANHA

Der Piranha ist ein Süßwasserfisch, der vorrangig in den Flüssen des Amazonas-Regenwalds lebt. Seine zahlreichen winzigen, scharfen und spitzen Zähne haben ihm den Ruf eines gefährlichen Raubtiers eingebracht: Sie versetzen den Piranha in die Lage, seine Beute mit kräftigen Bissen in kleine Stücke zu reißen und in kürzester Zeit zu verschlingen.

BOA

Die Boa ist eine große Würgeschlange: Sie tötet ihre Beutetiere, indem sie sie ersticken lässt, um sie dann vollständig zu verschlingen. Das ermöglicht ihr der elastische Kiefer, der ihr Maul weit öffnet. Boas sind ovovivipare Tiere, was bedeutet, dass sie ihre 10 bis 60 Jungtiere lebend gebären, nachdem sie sich in Eiern im Körper der Mutter entwickelt haben.

BASILISK

Die erstaunlichste Eigenschaft der Basilisken ist ihre Fähigkeit, über Wasser zu laufen. Um vor Angreifern zu fliehen, lassen sich diese Leguane in eine Pfütze fallen und laufen so schnell auf ihren Hinterbeinen, dass sie nicht untergehen. Möglich wird dies durch Mulden unter den Füßen, in denen sich bei hohem Tempo Luft staut. Das brachte ihnen den Zweitnamen Jesus-Christus-Echsen ein.

GRÜNER LEGUAN

Der Grüne Leguan sieht aus wie eine große Eidechse; er lebt gut getarnt auf Bäumen im Regenwald. Seine zumeist grüne Haut kann auch andere Farben annehmen, abhängig von Alter, Tageszeit, Geschlecht und auch Stimmung.

TIEFLAND-FELSENHAHN

Die Männchen besitzen ein sehr auffälliges Federkleid, mit einer Färbung von Rot bis leuchtend Orange. Flügel und Schwanz sind hingegen schwarzgrau. Auf dem Kopf befindet sich ein kleiner halbkreisförmiger Kamm, der – anders als beim echten Hahn – aus Federn besteht. Der Tiefland-Felsenhahn lebt in der Nähe von Felsen, in denen das Weibchen ihr Nest baut.

HARPYE

Die Harpyie ist ein Adler, der in Regenwäldern lebt und hoch oben von den Bäumen herab sein Jagdrevier kontrolliert. Das Nest wird in über 100 Metern Höhe von Männchen und Weibchen gemeinsam errichtet und ist beinahe 2 Meter breit: Darin wird allerdings nur ein einziges Adlerküken aufgezogen!

KOLIBRI

Kolibris sind kleine bunte Vögel, die ihre Flügel so schnell bewegen, dass sie ein ähnliches Brummen hervorrufen wie manche Insekten. Sie können nach rechts, nach links, senkrecht nach oben, nach unten, rückwärts und auch mit dem Kopf nach unten fliegen. Mit ihrem langen, sehr dünnen Schnabel saugen sie Blütennektar aus dem Kelch der Blumen.

BLAUFUSSTÖLPEL

Der Blaufußtölpel ist ein leicht zu erkennender Vogel, dank seiner blau gefärbten Füße, die er während der Balz bei seinem einzigartigen Balztanz auf und ab schwingt. Rund die Hälfte des weltweiten Bestands dieser Vogelart lebt auf den Galapagos-Inseln.

GUANAKO

Der Guanako ist ein typischer Pflanzenfresser aus dem Hochgebirge. Er lebt in den Anden, wo er sich auch in Lagen bis zu 4000 Höhenmetern wohlfühlt. Die Männchen tragen untereinander sehr harte Kämpfe aus: Sie verfolgen einander und beißen sich gegenseitig in den Hals, drängen den Rivalen gewaltsam ab, versuchen ihn zu Fall zu bringen und in die Knie zu zwingen.

ANDENKONDOR

Der Andenkondor ist der größte Vogel Südamerikas. Mit einer Flügelspannweite von 3 Metern und nur 15 Kilogramm Gewicht kann er sehr weite Gleitflüge unternehmen, ohne mit den Flügeln schlagen zu müssen. Er lebt in den Andengipfeln auf über 5000 Metern Höhe und ernährt sich vorwiegend von Aas.

GÜRTELTIER

Das auffälligste Merkmal des Gürteltiers ist sein Rückenpanzer, der den Körper bedeckt. Weil er aus mehreren Gliedern besteht, kann sich dieses Säugetier bei Gefahr zu einer harten Kugel zusammenrollen. Mit seinen langen Krallen stöbert das Gürteltier Insekten auf, von denen es sich ernährt, und gräbt sich seinen unterirdischen Bau.

MÄHNENWOLF

Der Mähnenwolf ist ein Wildhund mit langen Beinen, mit denen er sich leichtfüßig im hohen Gras der Prärie, seinem angestammten Lebensraum, bewegt. Seine Schnauze sowie sein rötliches Fell erinnern an einen Fuchs. Die Nahrung des nachtaktiven Einzelgängers besteht aus kleinen Tieren, aber auch Beeren verschmäht er nicht.

CHARLES DARWIN UND DIE RIESENSCHILDKRÖTEN

Charles Darwin wird als der größte Naturforscher in Ehren gehalten. Als junger Mann hatte er das Glück, auf einem kleinen Vermessungsschiff namens „Beagle" eine weite Reise um die Welt antreten zu können. Von 1831 bis 1836 war er unterwegs und konnte ferne Gegenden und neue Tierarten kennenlernen, von deren Existenz er bis dahin noch nichts geahnt hatte.

Aufgrund seiner aufmerksamen Beobachtungen stellte er die Annahme auf, dass sich alle Lebewesen mit der Zeit verändern und sich an die natürlichen Veränderungen ihrer Umwelt anpassen.

Im Jahr 1859, also etliche Jahre nach seiner Rückkehr, veröffentlichte er sein Werk Über die Entstehung der Arten, in dem er seine Evolutionstheorie darlegte, die allerdings von den Wissenschaftlern jener Zeit nicht sofort aufgenommen wurde. Vor allem wollten viele von ihnen nicht wahrhaben, dass der Mensch mit Tieren verwandt sein sollte.

Als er auf die Galapagos-Inseln gelangte, entdeckte Darwin die Riesenschildkröten. Mit einer Länge von mehr als 1,50 Metern sind dies die größten und langlebigsten Schildkröten der Welt: Sie können über 150 Jahre alt werden!

Come tutte le tartarughe terrestri, si nutrono di vegetali. Sono animali tranquilli
Wie alle anderen Landschildkröten ernähren auch diese sich von Pflanzen. Es sind friedfertige und träge Tiere, die viele Stunden des Tages in der Sonne verbringen. So nehmen sie die Wärme auf, die ihr großer Körper für seinen Stoffwechsel benötigt.

ANTARKTIS

Die Antarktis ist ein weiträumiger Kontinent, etwa anderthalb mal so groß wie Europa, und erstreckt sich rund um den Südpol.

Sie ist fast vollständig mit Eismassen bedeckt, die mehr als 1,5 Kilometer dick sein können und die Antarktis zum unwirtlichsten Kontinent der Erde machen.

Die Temperaturen liegen im Durchschnitt zwischen -25 °C und -50 °C, mit Spitzenwerten von -90 °C.

Alle Tiere, die in diesem extremen Umfeld leben, müssen über äußerst spezifische Eigenschaften verfügen, um hier existieren zu können.

KAISERPINGUIN

Der Kaiserpinguin, der größte aller Pinguine, wird über 120 Zentimeter groß. Sein Leben wird weitgehend von den Erfordernissen der Fortpflanzung bestimmt, die während des antarktischen Winters bei extremen Temperaturen von -40 °C stattfindet.

SEE-ELEFANT

Der Name „See-Elefant" passt bestens zu dieser Robbe, deren Männchen bis zu 5 Meter lang und 3,5 Tonnen schwer werden und mit einer Art Rüssel ausgestattet sind. Die weiblichen Tiere sind deutlich kleiner: Sie erreichen nur 3 Meter Länge und 800 Kilogramm Gewicht.

ROSSROBBE

Der Name dieser Robbenart leitet sich vom Rossmeer ab, ihrer Heimat. Sie ist höchstens 2 Meter lang und lebt, zumeist als Einzelgänger, in der extremen Umgebung des arktischen Eismeers. Daher ist es keineswegs einfach, sie zu beobachten und ihre Lebensweise zu erforschen.

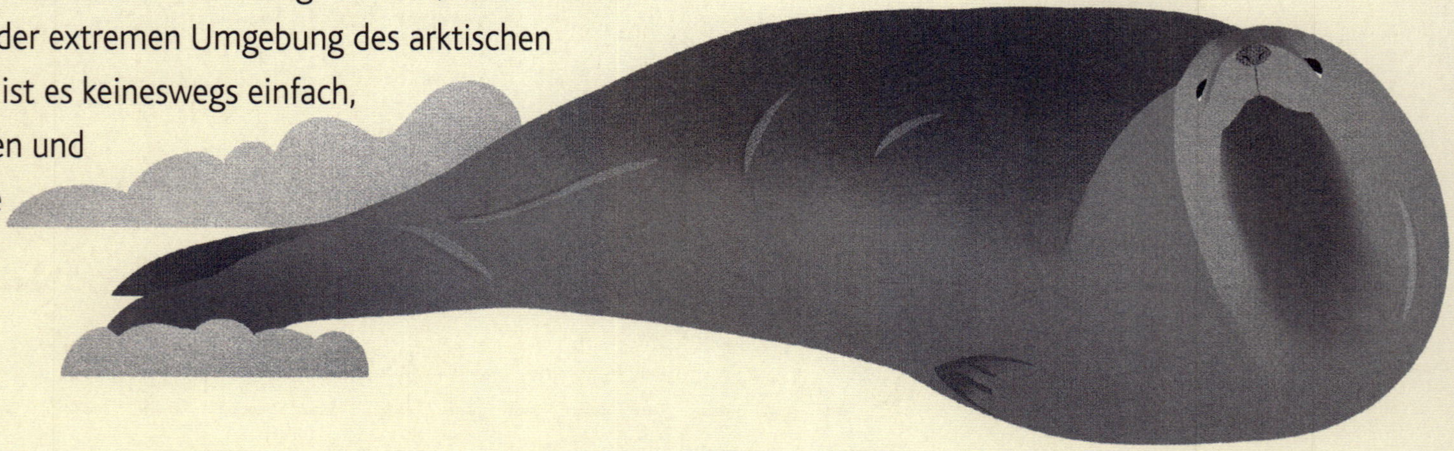

WANDERALBATROS

Der Wanderalbatros ist ein außergewöhnlicher Segler und hält unter allen Vögeln den Rekord für seine Flügelspannweite von bis zu 3,5 Metern. Er wiegt rund 10 Kilogramm, aber sein perfekt aerodynamischer Körperbau ermöglicht ihm, die Winde zu nutzen und ohne jede Anstrengung lange Strecken zu fliegen.

STURMVOGEL

Der Sturmvogel ist ein Meeresvogel, der stets dicht über den Wellen fliegt, um unter der Wasseroberfläche die Fische zu fangen, von denen er sich ernährt. Nur zur Brutzeit kommt er an Land. Dann wird im Nest an einer felsigen Küste ein einziges Ei abgelegt und von beiden Elterntieren ausgebrütet.

EISSTURMVOGEL

Der Eissturmvogel ist ein eleganter Meeresvogel, der in sehr großen Kolonien an den Küsten von Antarktis und Subarktis nistet. Ohne mit den Möwen verwandt zu sein, ähnelt der Eissturmvogel ihnen im Aussehen und in seiner Lebensweise. Er ernährt sich von winzigen Krebstieren, kleinen Fischen und Tintenfischen.

RAUBMÖWE

Die Raubmöwe, auch Skua genannt, ist mit den Möwen verwandt und lebt häufig mit diesen in einer Gruppe, allerdings, um von ihnen zu profitieren. Sie ist nämlich kein guter Fischer und nutzt ihre überlegene Größe dazu, die Möwen zu bedrängen und ihnen ihren Fang zu rauben – sodass diese ihre Beute bisweilen sogar im Flug ausspucken!

RIESENSTURMVOGEL

Der Riesensturmvogel gehört mit einer Flügelspannweite von über 2 Metern zu den größten Vögeln der Antarktis. Als großartiger Flieger und geschickter Schwimmer fängt er seine Beutefische mühelos. Da er auch Aas frisst, übernimmt er häufig die Rolle des Saubermachers.

SÜDKAPER

Der Südkaper, eine Walart, hat ein riesiges Maul, das er weit öffnet, um tonnenweise Wasser mit großen Mengen Garnelen und Krill aufzunehmen, seine einzige Nahrung. Die Barten, mit denen er die Nahrung aus dem Wasser filtert, erreichen eine Länge von bis zu 3 Metern.

SCHWERTWAL

Der Schwertwal, eines der weltweit größten Raubtiere, ist eine Walart, die in allen Ozeanen vorkommt. Die Männchen erreichen bis zu 9 Meter Länge. Wenn sie an der Wasseroberfläche schwimmen, kann man ihre Rückenflosse erblicken, die fast 2 Meter hoch aus dem Wasser ragt.

EISFISCH

Meerwasser kann aufgrund der darin gelösten Salze unter 0 °C kalt werden, ohne zu gefrieren. In diesen eiskalten Gewässern lebt ein Fisch, der die Enteisung im Blut hat: der Eisfisch! Das Leben in solch einer unwirtlichen Umgebung ist zwar nicht einfach, aber es gibt dort weniger Feinde, vor denen man sich in Acht nehmen muss.

JAMES WEDDELL

Auch wenn der wichtigste Zweck seiner Reisen die Robbenjagd war, gilt James Weddell bis heute als bedeutender Seefahrer und Entdecker: Sein Anliegen war es, neue Seewege zu finden und unerforschte Länder zu entdecken.
Im Jahr 1823 drang Weddell an Bord seiner Brigantine „Jane", auf der er schon mehrere Reisen unternommen hatte, immer weiter nach Süden vor, bis ihm die Sichtung des antarktischen Kontinents gelang. Das war in der Küstenregion, die heute Coatsland heißt, in jenem Meer, das heute seinen Namen trägt: das Weddell-Meer. Es war damals der südlichste Punkt, den jemals ein Mensch erreicht hatte.

Es kann wohl als ironisch bezeichnet werden, dass die Weddellrobbe ihren Namen ausgerechnet einem ihrer berühmtesten Jäger zu verdanken hat. Mit einer Länge von über 3 Metern und einem Körpergewicht von über einer halben Tonne hat diese Robbe nur Orcas und Seeleoparden zu Feinden. Eine Fettschicht schützt sie vor der eisigen Kälte und ihre Fähigkeiten im Wasser sind schier unglaublich: Sie ist in der Lage, bis zu 600 Meter tief zu tauchen und mehr als 1 Stunde und 20 Minuten lang den Atem anzuhalten. Häufig schwimmt sie unterhalb der Eisschicht und wenn sie einmal Luft holen muss, kann sie sich, sofern keine andere Öffnung zugänglich ist, mit ihren Vorderzähnen ein Loch in die Eisplatten hacken.

DIE SCHNELLSTEN TIERE

Schlank, leicht und langbeinig, hält der Gepard den Geschwindigkeitsrekord beim Laufen, denn er wird bis zu 110 Kilometer pro Stunde schnell! Doch gibt es aber auch noch andere Tiere, die uns auf diesem Gebiet in Erstaunen versetzen.

FREGATTVOGEL

Der schwarze Fregattvogel kann mit einer Flügelspannweite von rund 2 Metern über 150 Stundenkilometer schnell werden. Selbst über größere Entfernungen ruht er sich nie auf dem Wasser aus, weil sein Federkleid nicht wasserdicht ist. Das Männchen hat am Hals einen roten Kehlsack, den es bei der Balz aufbläht wie einen Ballon.

SPRINGBOCK

Springböcke sind recht zierliche und sehr wendige Vertreter der Antilopen, die ihren Lebensraum im Südwesten Afrikas haben. Dort leben sie in kargen Landschaften und brauchen kaum Wasser, weil sie sich von saftigen Pflanzen ernähren. Ein Springbock kann bis zu 88 Kilometer pro Stunde schnell werden und um die Weibchen zu beeindrucken, springen die Männchen 2 Meter in die Höhe.

KURZFLOSSEN-MAKO

Der Kurzflossen-Mako ist ein riesiger Hai: Die Weibchen werden bis zu 3 Meter lang. Seine Ausdauer und Schnelligkeit verdankt er auch der hydrodynamischen Form seiner Schnauze. Auf Kurzstrecken erreicht er 70 Stundenkilometer und holt viele schnelle Fische ein, etwa Thunfische.

DIE LANGSAMSTEN TIERE

Jedes Lebewesen hat seine eigene Überlebensstrategie entwickelt. Während manche Tiere zur Abwehr oder zum Angriff blitzartig losschnellen, ziehen andere es vor, nicht aufzufallen, sich langsam zu bewegen oder einfach in ihrem Unterschlupf zu verweilen.

MANATI

Er wird auch als Rundschwanzseekuh bezeichnet, weil er sich von Seegras ernährt. Der Manati hat keine Schneide- und Eckzähne, nur Backen- und Vormahlzähne, die ständig abgenutzt werden und kontinuierlich nachwachsen. Er wiegt bis zu 500 Kilogramm und schwimmt sehr langsam, höchstens 5-8 Stundenkilometer schnell.

LORI

Schlankloris sind kleine, zierliche Primaten von rund 25 Zentimetern Größe. Als Baumbewohner sind sie in den Regenwäldern Sri Lankas beheimatet und nachtaktiv. So besitzen sie riesige Augen und kauern sich den ganzen Tag über schlafend zusammen. Ihr Gang ist so langsam, dass sie zwischen zwei Schritten pausieren. Auf Beutejagd erreichen sie jedoch bis zu 2 Stundenkilometer.

SEEPFERDCHEN

Auch wenn es beim Schwimmen eine hydrodynamische Position einnimmt, kann das Seepferdchen senkrecht im Wasser stehen und sich mit seinem Greifschwanz an Pflanzen klammern. Sein Durchschnittstempo liegt bei gerade mal 0,09 Stundenkilometern! Das Männchen hat einen Beutel, in den das Weibchen seine Eier ablegt, damit dort die Jungseepferdchen heranwachsen.

DIE GRÖSSTEN TIERE

Das größte Tier überhaupt ist der Blauwal, der eine Länge von über 33 Metern und ein Körpergewicht von rund 180 Tonnen erreichen kann. Jede Tierart hat unter ihren Vertretern einen Riesen, der durch seine Ausmaße für Erstaunen sorgt.

RIESENSALAMANDER

Der Riesensalamander ist ein ständiger Wasserbewohner und nachtaktiv. Er kann über 50 Jahre alt werden und nutzt eher seinen Tast- als seinen Sehsinn, um seine Beute ausfindig zu machen. Der Riesensalamander ist in Japan und in China beheimatet; den Rekord hält die chinesische Ausprägung dieser Tierart, mit bis zu 180 Zentimetern Länge und 59 Kilogramm Gewicht.

BELUGASTÖR

Die Weibchen dieser Fischart erreichen mit 9 Metern Länge und 1500 Kilogramm Körpergewicht Rekordmaße. Dieser Riesenfisch lebt in Süßwasserregionen Europas und Asiens und ernährt sich von wirbellosen Meerestieren. Die Eier, von denen jedes Weibchen mehr als 7 Millionen ablegt, gelten als eine der besten und daher beliebtesten Kaviarsorte.

CAPYBARA

Kleine Ohren und ein kurzer Schwanz sind die typischen Merkmale dieser Riesenmaus, die 135 Zentimeter Länge und 60 Kilogramm Körpergewicht erreicht. Das Capybara, auch Wasserschwein genannt, lebt entlang der Gewässer Südamerikas und ernährt sich von Wasserpflanzen, Mais und Zuckerrohr.

DIE KLEINSTEN TIERE

Wissenschaftler haben 2012 festgestellt, dass das Tier mit den weltweit kleinsten Knochen eine Kröte aus Neuguinea ist. Mit ihren 0,77 Zentimetern Länge hat sie den Rekord eines kleinen Fisches aus Asien um nur 0,02 Zentimeter übertroffen. Sie ist sehr beweglich und kann mit einem Sprung das 30-Fache ihrer Körperlänge zurücklegen.

SCHLANKBLINDSCHLANGE

Diese Schlangenart ist so dünn wie Spaghetti und wird gerade mal 10 Zentimeter lang. Sie hat eine gräuliche Farbe, lebt in der Karibik und frisst Termiten und deren Larven. Das Weibchen legt ein einziges Ei ab, aus dem ein Junges schlüpft, das ungefähr halb so groß ist wie die ausgewachsenen Exemplare.

ZWERGSEIDENÄFFCHEN

Das Zwergseidenäffchen lebt im Regenwald des Amazonas und hat eine Länge von etwa 30 Zentimetern, wovon allein der Schwanz die Hälfte ausmacht. Es wiegt rund 130 Gramm. Diese leichten Tiere sind Baumbewohner, sie können die äußersten und dünnsten Zweige erreichen und sich so ohne direkte Konkurrenten von Früchten und Insekten ernähren. Sie werden immer als Zwillinge geboren und vom Vater mit aufgezogen.

BROOKESIA

Dieses winzige Chamäleon lebt in Madagaskar. Im Unterschied zu seinen großen Artgenossen hat es keinen Greifschwanz und kann seine Farbe nur eingeschränkt wechseln. Es erreicht eine Körperlänge von 2,9 Zentimetern, einschließlich Schwanz!

AUSGESTORBENE TIERE

Im Laufe der Erdgeschichte sind unzählige Tierarten aufgrund natürlicher Ursachen ausgestorben. Obwohl ein Großteil aller Lebewesen einmal vom Aussterben bedroht sein wird, hat der Mensch dazu beigetragen, das Verschwinden einiger Arten zu beschleunigen, und zwar vor allem durch Jagd, Zerstörung von Lebensräumen und Umweltverschmutzung.

QUAGGA

Das Quagga war eine Unterart des Zebras, die einst in der südafrikanischen Steppe verbreitet war. Es wurde wegen seines ausgefallenen Fells gejagt, das wie beim Zebra auffällige Streifen aufwies, jedoch nur an Kopf und Hals. Das letzte Exemplar, eine Stute, starb 1883 im Amsterdamer Zoo.

DODO

Dieser große und friedliche flugunfähige Vogel bewohnte früher die Mauritius-Inseln. Mit den Schiffen aus Europa gelangten auch Mäuse, Hunde und Schweine auf die Inseln, die die Vogelnester ausraubten und die Eier und Küken verschlangen. Zusammen mit der hemmungslosen Jagd durch den Menschen führte dies zur Ausrottung des Dodo im Jahr 1690, nur 100 Jahre nach seiner Entdeckung.

BEUTELWOLF

Auch Tasmanischer Tiger genannt, hatte der Beutelwolf ein hundeähnliches Aussehen mit einem gestreiften Fell. Er lebte auf den größeren Inseln Ozeaniens und war ein fleischfressendes Beuteltier. Da er für wiederholte Angriffe auf Vieh verantwortlich gemacht wurde, jagten Menschen ihn bis zum Aussterben. Das letzte Exemplar starb 1936, eingesperrt in einen Zoo.

AUEROCHSE

Der Auerochse war ein großes Rind mit kräftigen, nach vorn gebogenen Hörnern, das in den Steppen Europas und Zentralasiens beheimatet war. Er gilt als Vorfahr des heutigen Hausrinds. Aufgrund ihrer aggressiven Verhaltensweisen wurden Auerochsen im alten Rom immer wieder als Schautiere bei Tierwettkämpfen in den Arenen eingesetzt. 1627 starb das letzte Exemplar aus.

MOA

Der Moa war ein flugunfähiger Riesenvogel, dem Strauß ähnlich und über 3,50 Meter groß. Für Jäger war er wegen seines Fleisches und des wunderschönen Federkleids eine beliebte Beute. Mitte des 15. Jahrhunderts starb er aus, nur 200 Jahre nach Ankunft der ersten Menschen, die von den polynesischen Inseln aus Neuseeland, die Heimat der Moas, besiedelten.

STELLERSCHE SEEKUH

Die Stellersche Seekuh war ein großer Meeressäuger in den eisigen arktischen Gewässern des Pazifischen Ozeans. Diese friedliebenden Tiere waren langsame Schwimmer und wurden mühelos von Seeleuten erjagt, die große Mengen Fleisch und Fett aus ihnen gewannen. 1768, gerade mal 27 Jahre nach ihrer Entdeckung durch die Europäer, galten sie als ausgestorben.

GIULIA LOMBARDO

Giulia Lombardo lebt und arbeitet als Illustratorin in Florenz. Nach Abschluss des Humanistischen Abiturs hat sie in ihrer Ausbildung eine andere Richtung eingeschlagen und ist ihrer Leidenschaft gefolgt: Sie absolvierte ein Designstudium in der Fachrichtung Entertainment Design an der „Nemo Academy of Digital Arts" in Florenz im Jahr 2013 mit Auszeichnung. Seither arbeitet sie freiberuflich als Illustratorin im Bereich Kinderbuch sowie als Grafik- und Webdesignerin. In den letzten Jahren hat sie mit Begeisterung und Kreativität verschiedene Bücher für White Star Kids illustriert.

VEREIN FÜR MUSEUMSDIDAKTIK ADM („ASSOCIAZIONE DIDATTICA MUSEALE")

Seit seiner Gründung im Jahr 1994 ist der Verein ADM im Bildungsbereich aktiv; er koordiniert die Bildungsinitiativen bedeutender Museen wie etwa der Städtischen Naturkunde-Museen in Mailand, Genua, Novara und Triest und betreut die Didaktikabteilungen öffentlicher Naturoasen und -parks. Die Texte des vorliegenden Bandes wurden zusammengestellt von Cristina Banfi, Rita Mabel Schiavo und Cristina Peraboni, alle drei Gründungsmitglieder des Vereins ADM (1994) und von ADMaiora srl (2015).

Cristina Banfi Nach Abschluss ihres naturwissenschaftlichen Studiums an der Universität Mailand hat Cristina Banfi an verschiedenen Schulen unterrichtet. Seit über 20 Jahren ist sie im Bereich der Wissenschaftskommunikation und des spielerischen Lernens tätig und hat bereits mehrere Buchprojekte begleitet, sowohl Schulbücher als auch wissenschaftliche Bücher vor allem für Kinder und Jugendliche.

Rita Mabel Schiavo Nach Abschluss ihres Biologiestudiums mit Schwerpunkt Naturkunde an der Universität Mailand hat Rita Mabel Schiavo ihr Wissen durch Forschungen vor allem im Bereich der Reptilienkunde und der verhaltensbezogenen Umweltforschung vertieft.

Cristina Peraboni Als Tierärztin mit langjähriger Leidenschaft für naturwissenschaftliche Themen hat Cristina Peraboni in der Wissenschaftsvermittlung und im Edutainment gearbeitet und Fortbildungskurse für Lehrer und Museumspädagogen durchgeführt. Darüber hinaus gibt sie für verschiedene Verlage Publikationen für Jugendliche und Erwachsene heraus.

Deutsche Ausgabe veröffentlicht von:

Lizenznehmer von: National Geographic Partners, LLC.

Redaktion und Satz: Anke Wellner-Kempf

ISBN 978-88-540-3980-3
1 2 3 4 5 6   22 21 20 19 18

Gedruckt in Italien von Rotolito S.p.A. -
Seggiano di Pioltello (MI)